高小兰 ◎ 著

学优生人格缺陷问题研究

促进中小学学优生全面发展

XUEYOUSHENG RENGE QUEXIAN WENTI YANJIU

CUJIN ZHONGXIAOXUE XUEYOUSHENG QUANMIAN FAZHAN

世界图书出版公司

广州·上海·西安·北京

图书在版编目（CIP）数据

基于人格缺陷问题研究　促进中小学学优生全面发展 / 高小兰著. —广州：世界图书出版广东有限公司，2017.8

ISBN 978-7-5192-3614-4

Ⅰ.①基… Ⅱ.①高… Ⅲ.①中小学生－人格障碍－教育心理辅导 Ⅳ.①G448

中国版本图书馆 CIP 数据核字（2017）第 211237 号

书　　名	基于人格缺陷问题研究　促进中小学学优生全面发展
著　　者	高小兰
策划编辑	刘正武
责任编辑	张东文
出版发行	世界图书出版广东有限公司
地　　址	广州市海珠区新港西路大江冲 25 号
邮　　编	510300
电　　话	020-84451969　84459539
网　　址	http://www.gdst.com.cn/
邮　　箱	wpc_gdst@163.com
经　　销	新华书店
印　　刷	虎彩印艺股份有限公司
开　　本	787 mm×1092 mm　1/32
印　　张	6.625
字　　数	165 千字
版　　次	2017 年 8 月第 1 版　2019 年 4 月第 2 次印刷
国际书号	ISBN 978-7-5192-3614-4
定　　价	28.00 元

序

　　高小兰老师的新作即将面世，她约我为该书写一个序，我很乐意地答应了。因为这是十多年前她随我攻读教育硕士学位时我为她提供的一个研究题目。这个问题我平时有一些关注和思考，但没有时间、精力，也没有条件做比较系统和深入的研究，而她长期在教育实践第一线从事教学和管理，比我更有条件和能力做这种具有较强实践性和实证性的教育研究。她很高兴地接受了我的建议，以优秀学生人格缺陷问题为论题，完成了硕士学位论文，并获得了比较高的评价。

　　长期以来，我国的中小学教育比较注重"培优转差"，特别是"培优"，这当然并没有什么错，但我们却严重忽视了学习成绩优秀生在成绩优秀背后所隐藏的非智力因素或情商方面，特别是人格方面存在的诸多问题，忽视了这些问题对他们终身发展的潜在危害。在"考试主义"的评价体制下，许多教师、家长、学生，包括学优生自己心目中，学习成绩才是"硬道理"，可以"一俊遮百丑"，而人格方面的发展是软性的，无所谓。这是一种十分有害的认识。

"性格决定命运"，这是自古就有的一句名言，虽然说得有些绝对，但也的确是一个具有普遍性的人生哲理，极为深刻。学习成绩优异本身当然是好事，但如果不注意，不警惕，就很容易让一片赞扬声掩盖了学优生人格发展方面的问题和危机。事实上，片面重视学习成绩给人格发展上造成的缺陷不知阻碍、破坏了多少学优生的成长和幸福。

在不少人看来，学习成绩优秀的学生，不仅在学校受宠，而且步入职场后也自然是佼佼者。不可否认，仅就成绩优秀这一个因素而言，的确有利于人的成才，但仅仅如此，还远不是成才的重要条件。国内外一些相关研究表明，学习成绩优异对人终身发展的作用一直以来都被人们明显地夸大了。

学习成绩固然很重要的，因为成绩优异的学生多半都比较聪明、刻苦、有抱负，而且学习好对人的全面发展和综合素质的提高也有积极的促进作用。但是，并不能因此而夸大学习成绩对人的发展的作用。从某种意义上讲，学习成绩优异也是一把双刃剑，对人的全面发展既可能产生积极的作用，也可能产生负面的影响，而这种负面影响很多方面是指向人格发展的。性格、性向、情感往往会比学习成绩更显著地影响到一个人的品行、交往、为人、处世等方面的发展，而这些方面对人的事业成功的重要性通常并不亚于学习成绩，从长远来看，尤其如此。

一些研究表明，中等生出入社会和职场后的成功率相对于尖子生和后进生而言可能是最高的，至少比人们通常的预期要高。这可能有这几方面的原因：一是中等生对考试分数一般不过分看重，其发展相对轻松一些；二是中等生学习成绩一般比较稳定，其精神不那么紧张；三是中等生发展空间一般比较大，其兴趣爱好容易更广泛些；四是中等生发展后劲一般比较足，其发展的可持续性相对强一些；五是中等生心态一般比较健康，其性格和心性正常一些。当然，这都是就总体而言的。归结起来，中等生，特别是中上等生最大的优势就在于综合素质较高，而除了极少数天才、偏才、怪才，对于绝大多数人而言，综合素质往往是成功的关键。

相对而言，学优生特别是尖子生更容易产生以下一些问题：尖子生大多已全力以赴，因而发展潜力可能相对较小；尖子生容易自恃清高，因而人际关系可能相对较差；尖子生容易过于自信，因而可能比较颐指气使、眼高手低；尖子生大多过于紧张，因而心态可能比较脆弱；尖子生大多得到过多的关注、帮助及赞扬，因而可能比较自我中心；尖子生容易功利心过重，兴趣爱好可能比较狭窄；尖子生嫉妒心、虚荣心容易比较强，因而心胸可能比较狭窄；尖子生大多过于细心、谨慎，因而可能比较胆小；尖子生大多比较下死功夫，因而可能比较机械、呆板；尖子生大多比较听话，因而可能比较缺乏个性。学优生往往优点很突出，但不足也比较明显，其发展不够全面，其素质不够综合，而他们的缺欠大多比较集中在对人的终身发展具有关键性意义的人格方面。

高小兰的这部新作很有意义和价值，对于人们，特别是对教师、家长，包括学优生们都很有启示。高小兰既有一定的教育理论水平，又具有较丰富的教育实践经验，其思考、研究已持续了十余年。这本书最大的意义可能就在于，在分数就是一切的考试主义时代，我们要高度关注学习成绩优秀学生人格发展上的缺陷和隐患，不要让人格发展上的问题冲销了他们学习成绩上的优势，要避免人格上的不健全耽误了他们的终身发展和人生幸福。

2017 年 6 月 7 日

（扈中平教授是全国教育理论研究界颇具影响力的专家，原任华南师范大学教育科学院院长，现任华南师范大学教育学原理专业博士点导师组组长，教育学一级学科博士点及博士后流动站第一负责人，兼任全国教育学研究会副理事长、中国教育学会常务理事、全国教育学分会副理事长、全国教育基本理论专业委员会主任委员、广东省人文社会科学重点研究基地"现代教育研究与开发中心"主任、广东省重点学科和校优先发展学科教育学原理专业学术带头人、享受国务院政府特殊津贴。）

中文摘要

学习成绩优秀生（简称学优生或优秀生）历来就是备受学校、家长关注和引以为荣的特殊群体，他们在能力、成绩和日常行为等方面往往表现出一定的优势。但在应试教育中，许多家长和教师以及社会普遍关注的只是学生们的考试分数，很少人关注他们（特别是学习成绩优秀生）的人格发展。教师和家长常因他们的学习成绩好而忽略其人格成长，以致使这些学生在成绩优秀的背后还存在着一些特殊的人格缺陷，如：高傲自大、爱慕虚荣、争强好胜、自私自利、嫉妒心强、偏执敏感、心胸狭窄、自以为是、感情脆弱、耐挫力差、人际交往不良、过分追求完美等。研究者就此问题对广州市几所中小学（包括重点和非重点学校）的教师、学生及家长进行问卷调查，还通过 K12 中国中小学教育教学网（简称 K12）班主任论坛、各学科教师论坛、家长论坛以及网上博客进行讨论，并将讨论结果归为以下八种具体表现：自尊虚荣爱面子，多疑敏感爱嫉妒，偏执清高自以为是，倔强好胜高傲自大，过分认真与追求完美，缺乏创新精神，焦虑不安信心不足，外强内弱耐挫力差，人际关系紧张敏感等。影响人格缺陷形成的因素非常复杂，笔者主要从家庭管教方式与学校的应试教育两方面所带来的负面影响对学习成绩优秀生人格缺陷问题的成因进行了较为深入的分析与研究，在研究中作者发现，学优生的这些人格缺陷如不及时加以矫正，极易发展为强迫型人格障碍、偏执型人格障碍、依赖型人格障碍、自恋型人格障碍或焦虑（回避）型人格障碍等，严重影响其正常的人际关系，妨碍其事业的成功，有的甚至可能做出违纪犯法行为。人格障碍的治疗十分困难，因而预防人格缺陷的形成尤显重要。作者在此提出了相关的预防对策，希望能对学习成绩优秀生人格缺陷的预防提供一些参考与借鉴。

关键词：中小学；学习成绩优秀生；人格缺陷

Abstract

The students with outstanding academic records are a special group that draws the most attentions from their schools and parents. Such students always take pride in their excellent personal abilities, academic achievements, and other advantages in daily behavior. However, under the examination–oriented education system, universal attentions are paid to the examinatorial grades of the students, while few are attached to their personality cultivation, especially of the students with outstanding academic records. Their excellent performances in study prevent the teachers and parents from discovering the personality defects of them. The researcher has conducted a questionnaire survey concerning this problem in several primary and middle schools (including key and non-key schools) in Guangzhou and also in some online forums, such as K12 Forums of Class Sponsors, forums of teachers and parents, as well as in some online blogs. Based on the results of this open survey and discussion, eight typical symptoms have been concluded. With respect to three environmental factors: family, school and society, the writer has done a relatively deep analysis and research on the causes of the formation of the students' personality defects. The result shows that without a timely rectification, such defects are easily becoming obsessive personality disorder, paranoid personality disorder and narcissistic personality disorder, which will seriously influence the students' normal interpersonal relationship, block them from succeeding, and even cause the violation of the laws. The difficulties in curing the personality defects make the prevention of the formation even more important. The relative preventive measures are listed here with the hope of providing some references for the prevention of personality defects of the students with outstanding academic records.

Key words: primary and middle school; the students with outstanding academic records; personality disorder

目　录

第一章　绪论

一、问题提出

中小学阶段是青少年儿童身心迅速发展的时期，也是人格形成的关键时期。中小学学习成绩优秀生在智力、成绩和日常行为等方面都表现得较为优秀，因而备受家长、教师的宠爱。在学校教育中，教师们往往将注意力集中在后进生身上，而忽略了对学优生的教育。教师多以赞许的眼光看待学优生的优点和长处，没有关注他们的缺点和不足。学优生因其所取得的成绩和所处的"优越"位置，导致了一系列人格缺陷的出现，如高傲自大、爱慕虚荣、争强好胜、自私自利、嫉妒心强、偏执敏感、心胸狭隘、自以为是、感情脆弱、耐挫力差、过分追求完美等。他们存在的种种问题却在其优异成绩光环的遮盖下而极易为人们所忽视。这些问题如不及时纠正与引导，很容易导致学优生强迫型人格障碍、偏执型人格障碍、依赖型人格障碍、自恋型人格障碍或焦虑（回避）型等人格障碍的形成，极不利于他们的健康成长。

美国学者洛蒂特早在几十年前就针对此类现象告诫世人："不要沉醉于对优生一切皆完美的赞叹声中，而应从这个声音的背后，去探寻其健康发展的潜在的不利的因素。"[①] 虽然他的警示源自对美国本土文化背景的思索，但丝毫阻碍不了我国的教育者从中发现一些共通性的规律。我们应该清醒地认识到：学优生也并非是生存在真空之中的"免疫体"，他们甚至承受着远远高于其他同学的学习压力。关心他们的心理需求，为其创设一个更有利的成长环境，已经成为当前学校教育中一个亟待解决的问题。

我国教育部 2012 年 12 月 7 日印发的《中小学心理健康教育指导纲要（2012 年修订）》指出心理健康教育的总目标是：提高全体学生的心理素质，培养他们积极乐观、健康向上的心理品质，充分开发他们的心理潜能，促进学生身心和谐可持续性发

---

① 转引自张工、梁红梅：《绩优生心理压力析因及缓释对策探讨》，载《当代教育科学》2005 年第 16 期，第 55 页。

展，为他们健康成长和幸福生活奠定基础。同时也指出了心理健康教育的具体目标是：使学生学会学习和生活，正确认识自我，提高自主自助和自我教育能力，增强调控情绪、承受挫折、适应环境的能力，培养学生健全的人格和良好的个性心理品质；对有心理困扰或心理问题的学生，进行科学有效的心理辅导，及时给予必要的危机干预，提高其心理健康水平。[①]

可见，研究中小学学习成绩优秀生的人格缺陷问题及其预防对策对推进中小学全体学生的心理健康教育的发展也有着重要的意义，主要表现在以下两方面：

（一）时代潮流的需要

随着社会的发展和文明的进步，塑造健全的人格越来越成为教育的重要责任和核心任务之一。科技越是发达和进步，社会对个体人格的要求也就越

[①] 《教育部关于印发〈中小学心理健康教育指导纲要（2012年修订）〉的通知》，http://www.moe.gov.cn/srcsite/A06/s3325/201212/t20121211_145679.html。

高。各国的逐步开放，知识的迅速膨胀，科学技术的不断更新，人才竞争的日益加剧，成为当今时代潮流的主要动向。在这个时代潮流面前，所需要的是那些开放型的、人格健全的、一专多能的和具有创新能力的人才。而那些闭关自守、只有满腹书本知识但缺乏创新能力的"知识分子"却难以找到发挥作用的场所。那些心理发展不健康、人格发展不健全的"学者"，不能很好地与人合作，也难以在事业上取得成功。

因此，我们应当主动适应社会潮流的动向，满足当今社会对人才类型的需求，努力培养开放型的、人格健全的人才。

（二）学优生自身人格健全发展的需要

中小学阶段是学生形成健全人格的重要时期。著名心理学家弗洛伊德[①]就认为儿童早期经验对于人格发展极为重要，这些经验的作用下会形成一个

---

① 弗洛伊德（Sigmund Freud，1856—1939），奥地利著名精神病医生、心理学家、精神分析学的创始人。

人长期的人格基本框架与基本特征[①]。所以，学校心理健康教育不仅要关注后进生和出现问题行为的学生，而且也不能忽视学优生中潜在的心理隐患和人格教育。只有重视了这一阶段这一特殊群体的心理健康教育，才能培养他们自信乐观、开创进取、开朗豁达等良好的人格特征，增强他们适应社会生活的能力，从小建立良好的心理基础，防止某些人格障碍的形成或产生不可逆转的极端行为。因此，对学优生进行人格缺陷的研究，对预防和消除他们的人格缺陷有着十分重要的意义。这也是贯彻执行教育部关于《中小学心理健康教育指导纲要》中"面向全体、关注个别差异"这一原则的真正体现，最终达到"促进学生人格的健全发展"这一总体目标的实现。

二、研究意义

（一）本课题研究有助于进一步发展和丰富人

---

① 弗洛伊德著、高觉敷译：《精神分析引论新编》，商务印书馆 1987 年版，第 67 页。

格及人格障碍方面的一些理论假设。本文所探讨的学习成绩优秀生因为学习成绩优秀所带来的某些人格缺陷之间的因果关系，可以给人格障碍理论提供一些参考价值。

（二）本课题对当前中小学学习成绩优秀生人格缺陷及其成因分析的研究，有助于教师与学生家长改变自己的教育方式，避免促成学优生人格缺陷的形成，具有一定的实践价值；对预防中小学学优生人格障碍的形成也提供了一些参考意见，并具有一定的指导意义。

（三）本课题研究有助于我们贯彻执行教育部关于《中小学心理健康教育指导纲要》中"面向全体、关注个别差异"这一原则，有助于我们培养中小学生健全的人格，全面提高中小学生的综合素质，为祖国的社会主义现代化建设服务做出贡献。

三、相关概念的文献综述

我们要研究学习成绩优秀生的人格缺陷，首先就要了解什么是人格和人格缺陷。

（一）人格的界定

生活中，只要你稍加留意就会注意到有些人天性乐观开朗，而有些人则总是抑郁沉闷；有些人喜欢交际，而有些人则缄默内向；有些人似乎总能积极主动地抓住机遇，而有些人则似乎天生谨小慎微。什么东西使你与身边的人不同？为什么有人交朋友不费吹灰之力，有人却形单影只？我们能否测出什么人会升至公司高职，什么人事业难成？自从有了心理学尤其是人格心理学以后，人类的这些不同特点就一直成为心理学家们感兴趣的问题。

1. 西方学者论人格

人格是西方心理学中最有吸引力、最具挑战性也是最具争议性的研究领域之一。从词的来源分析，"人格"一词源于古希腊的"persona"，意指古希腊戏剧中演员所戴的面具，它代表了演员在戏里所扮演的角色和身份，相当于我国京剧表演中应剧情需要所画的脸谱。但是问题在于，面具后面是什么或者是谁呢？这就暗示了一个人有两面：公开可见的一面及隐藏于面具后不为人知的一面。沿着这一思路，瑞士精神分析学家卡尔·荣格（Carl Jung，1875—1961）指出，人格应该包含两个层面，一层是人格的表层，即"人格面具"，意指一个人按照他认为别人希望他那样去做的方式行事，亦即角色扮演；另一层是人格的深层，它是人类原始意向中的"阴影"（shadow）即属人格的深层，它是人类原始性格的遗留（Jung，1921）。在日常用语中，人格通常是指第一种含义，即他人的看法或个体的名声，这是一个人被他人描述的特有方式。而用以描述内部因素的人格，其内涵却成为人格心理学中最有争议的概念之一[①]。

在人格科学创立之初，西方学者对人格的界定通常是分解式的，即通过人格的结构来理解人格的内涵，多与其人格问题上的基本观点融为一体。在弗洛伊德眼里，人格是"本我"、"自我"与"超我"[②]之和，它被等同于无意识欲望的冲动。在行

[①]　陈少华著：《人格与认知》，社会科学文献出版社 2005 年版，第 3—4 页。

[②]　弗洛伊德著、高觉敷译：《精神分析引论新编》，商务

为主义者看来，人格就是复杂的"刺激—反应"联结，它是强化基础上形成的"行为习惯系统"。特制论者奥尔波特[①]则假定，人格的基本单元是特质（trait），无数特质按重要程度及等级顺序构成了人格整体，总体而言是指"一个人真正是什么"，具体说来是指"个体内在的心理物理系统中的动力组织，它决定了人对环境适应的独特性"（Allport，1937）[②]。当代颇具影响的"五因素模型"尽管回避了对人格内涵的界定，但其做法则是典型的分析式的。

及至 20 世纪 90 年代以后，西方学者还在争论人格的内涵与本质问题，其代表人物是美国的两位心理学家：一位叫劳伦斯·普汶（Lawrence Pervin），另一位名叫杰里·伯格（Jerry Burger）。前者指出，人格是个体认知、情感及行为过程中的

印书馆 1987 年版，第 62 页。

[①]　奥尔波特（Cordon Allpor，1897—1967），美国心理学家，西方人格心理学的创立者，特质理论的倡导者。

[②]　转引自陈少华编著：《新编人格心理学》，暨南大学出版社 2004 年版，第 4 页。

复杂组织，它赋予个人生活的倾向性和一致性，像身体一样，人格包含结构与过程，并且反映着天性和教养的共同作用。普汶强调说，人格既包含着过去的影响，同时也暗示了对未来的建构（Pervin，1997）[①]。虽然一个人的人格通常是指他目前典型的和稳定的行为反应，但过去的经历及其对未来的预期无疑会影响他当下的表现，正如精神分析和社会学习理论所指出的那样。伯格则认为，人格不仅是指发生在个体身上稳定的行为方式，而且也还包括个体与他人交往时的人际过程（Burger，1997）[②]。从稳定的行为方式来看，研究者通常将它们作为个体差异进行研究。从人际过程方面分析，它与个体的内部过程不同，从某种意义上讲，个体的人格必定要通过待人接物方能表现出来，说某个人"诚实"或"狡猾"其实是暗指他在人际交往中的认知、情绪和动机过程，而不只是他独处时

[①]　陈少华编著：《新编人格心理学》，暨南大学出版社2004年版，第4页。

[②]　伯格（Burger, J. M.）著、陈会昌等译：《人格心理学》，中国轻工业出版社2004年版，第3页。

所表现出来的人格特征[①]。

2. 中国学者论人格

我国古代汉语中只有"人性"、"品格"一类的词，而没有"人格"一词，而现代汉语的"人格"与西方心理学的"人格"内涵也相去甚远，其意思为"个人的道德品质"及"按照法律、道德或其他社会准则享有的权利或资格"。很显然，汉语中的"人格"并非是个有心理学色彩的中性词。从20世纪80年代以来，我国学者逐渐接受了西方心理学的"人格"概念，并尝试将"人格"一词取代新中国成立后从苏联心理学沿用过来的"个性"一词[②]。

从西方学者的"面具式"人格定义出发，我们不难发现人格实际包含两层意思：一是指个人在生活舞台上表演出来的各种行为，即表现于外给人印

---

① 陈少华编著：《新编人格心理学》，暨南大学出版社2004年版，第2页。

② 陈少华编著：《新编人格心理学》，暨南大学出版社2004年版，第4页。

象的特点或公开的自我；二是指个人蕴藏于内且外部未能显露的特点，即被遮蔽起来的真实的自我。在这里，我们所关注的并不是外显的行为或自我，而是真实的自我。因此，我国学者陈仲庚等将人格界定为"个体内在的行为上的倾向性，它表现为一个人在不断变化中的全体和综合，是具有动力一致性和连续性的持久的自我，是人在社会化过程中形成的、给予人一定特色的身心组织"[①]，郑雪等界定为"个体在遗传素质的基础上，通过与后天环境的相互作用而形成的相对稳定的和独特的心理行为模式"[②]。黄希庭也认为，"人格是个体在行为上的内部倾向，它表现为个体适应环境时在能力、情绪、需要、动机、兴趣、态度、价值观、气质、性格和体质等方面的整合，是具有动力一致性和连续性的自我，是个体在社会化过程中形成的给人以特

---

① 陈仲庚、张雨新著：《人格心理学》，辽宁人民出版社1987年版，第47页。

② 郑雪主编：《人格心理学》，暨南大学出版社2006年版，第6页。

色的心身组织"①。与西方学者分析式定义不同，我国的研究者往往将人格视为一个有机整体，它代表了一个人的整体面貌。这种观点符合我国传统的思维方式，其早期表现形式即我国古代春秋战国时期诸子百家对人性善恶的辩论。

我国台湾学者张春兴教授在综合中西方研究对人格论述的基础上指出，"人格是个体在对人、对己及一切环境中事物适应时所显示的异于别人的性格；个体的性格系在遗传与环境交互作用下，由逐渐发展的心理特征所构成；而其心理特征表现于行为时，则具有相当的统合性和持久性。"② 这是一个很有中国特色的概念，此概念一方面用"个性"涵盖了"人格"，既指出了人格的成因，也揭示了人格的结构；另一方面还指出了这种"独特个性"特征。这个概念本身可谓集人格"分析式"和"综合式"定义于一体。

---

① 黄希庭著：《人格心理学》，浙江教育出版社 2002 年版，第 8 页。

② 张春兴著：《现代心理学——现代人研究自身问题的科学》，上海人民出版社 2005 年版，第 327 页。

综合中西学者的观点可以看到，人格并非是一个单一的概念，它是一类概念的综合体。其次，从已有的表述中我们感受到，人格是一种具有动力性的组织。再次，人格是稳定的，这种稳定性从时间上讲就是始终一贯性，从空间上讲就是前后一致性，我们可以通过不同的时间和情境来鉴别这些稳定的行为方式。最后，我们用 Old Dominion 大学德莱加教授（Valerian Derlega）在《人格：当代的理论与研究》一书中对人格的界定来结束对人格内涵的探讨。德莱加教授认为，"人格是个体持久的、内在的特征系统，该系统促进了个体行为的一致性"（Derlega，1999）[1]。

为了本研究内容的选择与统一性，本文采用郑雪等在《人格心理学》一书中给人格下的定义，即"个体在遗传素质的基础上，通过与后天环境的相互作用而形成的相对稳定的和独特的心理行为模式"[2]。

---

[1] 陈少华编著：《新编人格心理学》，暨南大学出版社2004年版，第6页。

[2] 郑雪主编：《人格心理学》，暨南大学出版社2006年

（二）人格障碍的界定

1. 人格障碍

每个人都有自己的人格特点，正是它决定了我们以怎样的方式认识周围的环境以及以怎样的方式和他人相处。如果这些特性不能应变，那么就有可能产生人格障碍，并导致严重的个人和社会问题。人格障碍的传统称谓是性格障碍（Character disorder）[①]。

在西方一些发达国家，人格障碍的发病率估计为 10%，这是一种介于精神病和神经症之间比较严重的心理障碍，有时伴有身体或其他精神性障碍。美国精神病学会以如下要素定义人格障碍：①一种内心体验与外部行为的顽固模式，明显偏离文化规范。这种偏离可以体现在对人与事的理解与解释上，情绪反应的范围、程度和恰当性，人际关系或者对冲动行为的控制程度上。②这种偏离的行为模

版，第 6 页。

① 陈仲庚、张雨新著：《人格心理学》，辽宁人民出版社 1986 年版，第 417 页。

式顽固而且充斥于整个人格发展过程中，给人带来明显的痛苦与伤害。③这种模式稳定而且持久，通常起源于青春期，持续于成年期，不减弱也不加剧。④这种模式不能归因于吸毒、疾病、外伤或任何其他可辨认的精神疾病。概言之，人格障碍是一种明显偏离了相应文化常模的持久的、慢性的、稳定的和不适应的感知、思维、情感或行为模式。这些模式可以严重损害一个人在社交或职业场合的功能，并造成显著的痛苦①。

美国《精神障碍诊断与统计手册（第四版）》将人格障碍定义为："是内在体验和行为明显偏离人们文化期望的范围，表现在认知、情感、人际功能和冲动控制等方面，是个人和社会状态中稳定和广泛的类型，导致在社交、职业及其它重要功能领域中明显的临床痛苦和损害，是发病于青春期的长期而稳定的类型。"②

---

① 转引自陈少华编著：《新编人格心理学》，暨南大学出版社 2004 年版，第 217 页。

② 刘秀芬、黄悦勤、李立明：《大学生人格障碍病例对照研究》，载《中国心理卫生杂志》2000 年第 14 卷第 2 期，第

我国也已有大量的研究者对有关人格障碍进行了研究，如：陈仲庚、张雨新著的《人格心理学》，郑雪主编的《人格心理学》，王玲主编的《变态心理学》，章明明等人的《大学生心理发展与教育》，卫昇、左振瑛著的《青少年人格塑造——马加爵案件的心理思考》，杨钋、林小英编的《人格障碍治疗指导计划》等，都有谈论到人格障碍这一问题，但篇章不多。

陈仲庚等认为，"人格障碍指不伴精神症状的人格适应缺陷，其行为倾向的发展没有明确的起讫时间，发展缓慢，极难治疗，但也不是不可矫正的状态。这些行为倾向组成对自己对社会都不被允许的、不得体的行为型式。"[1]

对于人格障碍的界定，《中华医学会精神科分会中国精神障碍分类与诊断标准（第三版）》定义为："人格特征明显偏离正常，使病人形成了一贯的反映个人生活风格和人际关系的异常行为模式。

88页。

[1]　陈仲庚、张雨新著：《人格心理学》，辽宁人民出版社1986年版，第417页。

这种模式显著偏离特定的文化背景和一般认知方式（尤其在待人接物方面），明显影响其社会功能与职业功能，造成对社会环境的适应不良，病人为此感到痛苦，并已具有临床意义。"[1]

王玲在《变态心理学》一书中定义为："人格障碍，亦称'心理病态人格'或'精神病态'，是指不伴有精神症状的人格适应缺陷。"[2] 所谓不伴有精神症状的适应缺陷，是指在没有认知过程障碍或没有智力障碍的情况下出现的情绪反应、动机和行为活动的异常。例如，一个人的抽象思维过分或畸形发展，就会变得过分理智，缺乏人情味，显得僵化、死板。因此，人格障碍患者常常难以正确估计社会对自己的要求，及自身应当采取的行为方式；难以对周围环境做出恰当的反应；难以正确地处理复杂的人际关系，常常和周围的人，甚至亲人发生

---

① 中华医学会精神科分会编制：《中华医学会精神科分会中国精神障碍分类与诊断标准（第三版）》，山东科学技术出版社 2002 年版，第 125—126 页。

② 王玲主编：《变态心理学》，广东高等教育出版社 2002 年版，第 189 页。

冲突；有的甚至超越社会的伦理道德规范，做出违反法律或骚扰他人、危害社会的行为。

卫异、左振瑛在《青少年人格塑造》一书中通过对马加爵一案的分析，提出了青少年成长过程中塑造健全人格的重要性和紧迫性，并对相关的方法和技巧做了简洁明了的论述。此书对人格障碍界定为："人格障碍指从童年或少年时期开始，并持续终生的显著偏离常态的人格。它是一种介于精神疾病与正常人之间的行为特征，常常表现为怪僻、反常、固执、情绪不稳定、不通人情、不易与人相处、常损人利己甚至损人不利己、以自己的恶作剧取乐，常给周围人带来痛苦或憎恶等，但它又不能归属于精神病范畴。"①

著名的精神病学家施奈德对人格障碍定义为："人格障碍是一种人格异常，由于其人格的异常而妨碍其人际关系，甚至给社会造成危害，或给本人带来痛苦。"②

① 卫异、左振瑛著：《青少年人格塑造——马加爵案件的心理思考》，北京大学出版社 2004 年版，第 93 页。

② 转引自郑雪主编：《人格心理学》，暨南大学出版社

　　我国《心理学大辞典》是这样解释的，"人格障碍（personality disorder）一译'人格异常'，亦称'变态人格'。心理障碍的一种。持久而牢固的适应不良的行为模式。表现为人格发展的内在不协调，是在没有认知过程障碍或智力障碍的情况下出现的情绪反应、动机和行为活动异常。"一般在儿童或少年期发生，晚年趋于缓和。其特征：①在童年或少年期形成，一旦形成就比较稳定，且不易改变；②无明显的智力障碍，主要是严重的情感障碍，表现为情绪不稳定、情感体验肤浅等；③行为的目的和动机不明确，具有冲动和攻击性；④社会适应不良，不能从过去的生活中吸取经验教训，缺乏自知力，无羞愧感。[①]人格障碍者对内外紧张刺激的反应，在情感、警觉性、感知和思维等方面有明显与众不同的态度和行为，基本上采用不利于社会和自身的行为，明显地影响其社会和职业功能。

　　综上所述，人格障碍是一种偏离所在社会文化

2006 年版，第 386 页。

　　① 林崇德、杨治良、黄希庭主编：《心理学大辞典》，上海教育出版社 2004 年版，第 992 页。

期望的持久的行为方式或内心体验，它会导致社交与职业功能的损害或内心痛苦。

总之，所有的人格障碍的定义都包括以下三个要素：

①起病于儿童或青少年；

②持久的（不仅过分持续，而且异常行为涉及面广）；

③造成个人苦恼和／或社会或职业上的问题。

根据人格障碍的主要特征或表现，《心理障碍诊断与统计手册》第三版列举 11 种人格障碍，分别为：依赖型人格、戏剧型人格、自恋型人格、反社会型人格、强迫型人格、被动攻击型人格、精神分裂型人格、退缩型人格、边缘型人格、偏执型人格和分裂型人格[①]。

2. 人格障碍的类型与特征

比较常见的几种人格障碍类型有：[②]

[①] 林崇德、杨治良、黄希庭主编：《心理学大辞典》，上海教育出版社 2004 年版，第 993 页。

[②] 王玲主编：《变态心理学》，广东高等教育出版社 2002

（1）强迫性人格障碍

强迫性人格障碍（Obsessive personality disorder）是一种较为常见的人格障碍，其在人群中的发病率为 1.7%，道德观念强而又灵活性较差的人易发此病。男性多见。

其特点是，在待人接物，以及对自己时，总有一种求全和固执的表现，而且，这种表现涉及面广、相对稳定。在生活中，这种人处处以"正人君子"自居，不苟言笑，他们总是把标准定得太高，因此，常常因为自己有一点错误而陷入深深的痛苦。工作上，他们由于相信某一既成模式，因而不能容忍任何变化，他们行为刻板，缺乏想象力。在决断事情时往往需要思虑再三，有时则因此而误事。在家庭和个人生活上，这些特点也较为显著，他们表达情感的能力较差，对一些小节却投入太多的精力，如桌椅的摆设等。有些人还有洁癖，容不得一丝纤尘。有的则如"葛朗台"一样吝啬，明知无用的东西也不愿扔掉。

（2）偏执性人格障碍

偏执性人格障碍（Paranoid personality disorder）又称妄想型人格。其行为特点常常表现为：极度的感觉过敏，对侮辱和伤害耿耿于怀；思想行为固执死板，敏感多疑、心胸狭窄、爱妒忌，对别人获得成就或荣誉感到紧张不安；自以为是，自命不凡，对自己的能力估计过高，惯于把失败和责任归咎于他人，在工作和学习中往往言过其实；同时又很自卑，总是过多过高地要求别人，但从来不信任别人，认为别人存心不良；不能正确、客观地分析形势，有问题从个人感情出发，主观片面性大。如果建立家庭，常怀疑自己的配偶不忠等等，这种人格的人在家不能和睦，在外不能与朋友、同事相处融洽。

（3）分裂型人格障碍

分裂型人格障碍（Schizoid personality disorder）患者主要表现出缺乏温情，难以与别人建立深厚的情感联系，因此他们的人际关系一般很差。他们不能享受人间的情感乐趣，也缺乏表达人类细腻情感的能力，因此大多数分裂型人格患者独身，即使结婚也多以离婚告终。一般这类人对别人的意见漠不关心，过着孤独寂寞的生活。其中有些人，可以有一些业余爱好，但多是阅读、欣赏音乐、思考这类安静、被动的活动，部分人还可能一生沉醉于某种专业，做出较高的成就。但总体来说，这类人生活平淡，缺乏创造性和独立性。这类人的性欲淡漠也很突出。他们的内心世界极为广阔，常常想入非非，但常缺乏相应的情感内容，缺乏进取心。他们以冷漠无情来应付环境，逃避现实，但他们的与世无争的外表并不能压抑其内心的焦虑和痛苦。

（4）反社会型人格障碍

反社会型人格（Antisocial personality disorder）也称精神病态或社会病态、悖德性人格等。在人格障碍的各种类型中，反社会性人格是心理学家所最为重视的。患者的共同心理特征是：情绪的爆发性，行为的冲动性，对社会和他人冷酷、仇视、缺乏好感和同情心，缺乏责任感，缺乏愧疚悔改之心，不顾社会道德法律准则和一般公认的行为规则，经常发生反社会行为，不能从挫折与惩罚中吸取教训，缺乏焦虑感和罪恶感。

（5）攻击型人格障碍

攻击型人格障碍（Aggressive personality disorder）是一种以行为与情绪有明显冲动性为主要特征的人格障碍，又称为爆发型或冲动型人格障碍，是青少年和中青年期常见的一种人格障碍。患者情绪高度不稳定，极易产生兴奋和冲动，办事处世鲁莽，缺乏自制自控能力，稍有不顺便大打出手，不计后果，患者心理发育不成熟，判断分析能力差，容易被人挑唆怂恿，对他人和社会表现出故意、攻击和破坏行为。

（6）癔症型人格障碍

癔症型人格障碍（Hysterical personality disorder）又称表演型人格或歇斯底里人格，其典型的特征表现为心理发育的不成熟性，特别是情感过程的不成熟。其表现一般有以下几个方面：引人注意，情绪带有戏剧性色彩；高度的暗示性和幻想性；情感易变化，视玩弄别人为达到自我目的的手段；高度的自我中心。此外，此类患者还有性心理发育不成熟，表现为性冷淡或性过分敏感，女性患者往往天真地表现性感，用过分娇羞样诱惑他人。具有这种人格的人的最大特点是做作、情绪表露过分，总希望引起他人的注意。此类型人格障碍多见于女性，尤其以中青年女性为常见，一般年龄都在 25 岁以下。

（7）回避型人格障碍

回避型人格障碍（Evasive personality disorder）又称逃避型人格，其最大的特征是行为退缩、心理自卑，面对挑战多采取回避态度或无能应付。

回避型人格障碍的行为退缩性与分裂型人格障碍的行为退缩性不同，前者并不安于或欣赏自己的孤独，不与人来往并非出于自己的心愿。

（8）依赖型人格障碍

依赖型人格障碍（dependent personality disorder）

者对亲近与归属有过分的渴求，这种渴求是强迫的、盲目的、非理性的，与真实的感情无关。表现为驯服、无助、寻求支持和指导，他们否定自己，有强烈的自卑感。为了迎合别人，他们愿意放弃自己的责任和权利，为了避免孤独和被抛弃，他们愿意忍受恐吓和屈辱，他们事事需要得到别人的指导，因此在独自面对新的生活时，会感到特别的虚弱和无助。

（9）自恋型人格障碍

自恋型人格障碍（Narcissistic personality disorder）以极端自我中心为特点。这种人大多表现为自我重视、夸大、缺乏同情心，对别人的评价过分敏感等等。他们一听到别人的赞美之辞，就沾沾自喜，反之，则会暴跳如雷，他们对别人的才智十分妒忌，有一种"我不好，也不让你好"的心理。在和别人相处时，他们很少能设身处地理解别人的情感和需要。由于缺乏同情心，所以人际关系很糟，容易产生孤独抑郁的心情，加之他们有不切实际的高目标，往往易在各方面遭受失败。自恋型人格障碍的产生与家庭教育中父母的过分宠爱、过高评价有关。

（三）人格缺陷的界定

华南师范大学教育科学院扈中平教授在《教育目的论》一书中曾提到过国内外都在关注和研究的第十名现象。"所谓'第十名现象'，一个重要意思就是，从学校毕业后若干年，较有作为的人更多的并不是在学校时考试分数拔尖的学生，而是分数处于中上水平的学生。'第十名现象'可能揭示了这样一个道理，即过分关注考试分数的学生在学习上可能比较死记硬背、机械重复和钻牛角尖，也比较容易养成谨小慎微、斤斤计较、心胸狭窄、嫉妒心强、患得患失的心理品质，这样的学习方式和心理品质无疑会妨碍人的可持续发展。而学习成绩居中上水平的学生，既学习比较认真、踏实，又不被考试所奴役和过分计较考试分数，在学习方式上容易比较灵活，比较重视自己的思考，心理也比较健康，这样的学生综合素质往往比较高，具有较强的发展后劲。"①

虽然在这本书中扈中平教授并没有详细地谈论学习成绩优秀生的人格缺陷问题，但却指出了一些学习成绩优秀生由于过分注重考试分数而逐渐形成了某些人格缺陷，如：谨小慎微、斤斤计较、心胸狭窄、嫉妒心强、患得患失等，严重妨碍了他们日后自身的发展，甚至成了阻止他们成功的绊脚石。

有关人格缺陷的界定，广州第一军医大学的谢传仓教授在《家庭医学》2004年第3期心理世界栏目发表的《人格缺陷与精神病》一文中曾指出："有少数人，他们不能适应社会环境，待人接物、为人处事、情绪反应和意志行为与世格格不入或不相协调，其人格偏离常态，这就属于人格缺陷。"②

吴远主编的《大学生心理健康与心理咨询》中这样描述人格缺陷，"在现实生活中，有这样一些人：他们在思维方式和智能方面并无异常之处，但

---

① 扈中平著：《教育目的论》，湖北教育出版社2004年版，第270页。

② 谢传仓：《人格缺陷与精神病》，载《家庭医学》2004年第3期，第74页。

其个性发展明显偏离正常轨道，以不良的适应方式持久地对待周围的人和事，做出于环境情景不相协调的反应，并且对这种不适应行为，个体又没有改变它们的动机，这种现象在心理学中就被称为'人格缺陷'。人格缺陷是介于精神疾病和正常人格之间的行为状态，是人格发展过程中人格品质不平衡、不成熟或产生畸变的表现。其表现程度是不同的，轻者生活正常，只有身边的人才能感受得到；严重者则明显与社会习俗相悖，使个体不能适应正常的社会生活。"[1]

　　上述二人对人格缺陷的界定似乎是人格障碍的另一种说法。但笔者认为，人格缺陷是介于正常人格与人格障碍之间的一种人格状态，人格缺陷所表现的人格特征层度要轻微，但若不加以及时的发现与疏通引导，极易导致成人格障碍，严重的甚至很有可能引发精神疾病。

---

　　[1]　吴远主编：《大学生心理健康与心理咨询》，河海大学出版社 2002 年版，第 73 页。

（四）优秀生与学习成绩优秀生的界定

在当前的中小学生中，总有一部分学生偏离了一般学生的正常发展而表现出"与众不同"，他们在常态分配曲线图上远离"常模"，其一端实际上就是我们常说的优生（learning excellent student），有时也称为优等生或优秀生[①]。近几十年来，有关优生问题的研究在国内外得到广泛重视。目前，对优生教育和心理健康问题的研究也日益受到学术界、教育界和社会的关注。然而，究竟什么是优生，不同的研究者有不同的看法，至今未达成一致共识。概括起来，有以下几种：

（1）优生是指学业成绩优秀的学生[②]。

（2）优生是指品学兼优的学生[③]。

[①] 转引自陈本友：《中学优生时间管理倾向中的目标设置特性研究》，基础心理学专业硕士学位论文，第2—3页。

[②] 王彩玲：《关注优生心理培养健全人格》，载《江西教育》2004年第1—2期，第42页。

[③] 隋光远、李晶：《初中优生和差生学习适应性的比较研究》，载《心理科学》2004年第3期，第643—646页。

（3）优生是指具备以下三个特征的学生：一是资质优异，指在某方面有天赋；二是成绩优异，指能力强，取得最好的成绩；三是有创造才能，指在某一领域保持持久的动机，并继续提高他们的成绩[①]。

（4）优等生具有以下几个特征：具有技巧和知识；注意力集中，不容易分心；热爱学习；坚持性强；反应性好，容易受到启发；有理智的好奇心；乐于处理比较困难的问题和进行争论；机灵，具有敏锐的洞察力；善于正确运用众多的词汇；思维灵活；具有独创性；想象力强，能独立思考；兴趣广泛；关心集体，乐于助人等[②]。

以上这些观点从不同的侧面对优生进行了框定，具有一定的合理性，但都没有给予优生一个理论上的明确内涵和外延。这同时也反映了优生这一

[①] 转引自陈本友：《中学优生时间管理倾向中的目标设置特性研究》，基础心理学专业硕士学位论文，第2—3页。

[②] 王展：《美国人眼中的优等生》，载《财会月刊》2003年第20期，第4页。

现象的复杂性以及人们对其本质理解的差异性。目前我们较倾向于前两种观点，尤其以第一种观点居多。心理学的研究认为人是一个具有多种属性的复杂的开放系统。任何系统都可以做多种描述[①]。对优生界定的不同，反映了人们从不同侧面对其所做的描述。因此我们应该用一种整合的观点，从多个维度来理解优生的内涵。根据我们的理解，对优生做如下界定：

（1）优生是一个集合性概念，包括学业、品行、心理发展等诸方面的优异。这一状况是多种因素相互作用的结果。

（2）优生是一个特殊群体。所谓"特殊"是指与一般学生相比，在学业、品行和心理等方面有独特的特点。这与智力缺陷、感觉损伤等构成的特殊群体根本不同。

（3）优生可以贯穿于终生发展中。不仅在小学、中学，还可以在大学，甚至在步入社会后，也会表现出优秀。

---

① 黄希庭：《人格心理学》，浙江教育出版社2002年版，第207页。

（4）优生是相对的。优生总是在某些方面或某段时间内与其他群体相比较而表现优异。

基于以上所述，我们认为优生至少包括学业、品行和心理等诸方面的优异。但根据本研究的需要，我们倾向于采取第一种观点，即把优生界定为学业成绩优秀的学生，本文后面谈到的优生均指此类学生。

关于学习成绩优秀生的界定并无确切的定义与统一的标准。我们通常指在中小学某几门学科（语文、数学、英语，中学再加物理、化学等）考试分数在班上排前 10 名的学生。学习成绩优秀生简称学优生或优秀生。

目前，在学校教育中，尽管上级主管部门早已三令五申禁止教师按考试成绩给学生排名次，但学习优秀生和中、差生在班级中的地位仍是不言而喻的。学校每年优秀生的评比条件都倾向于学习成绩优秀生。优秀生中"思想品德好"这一条件标准缺乏具体的可比性，只要不违纪，一般学生都够资格，但对"学习成绩"便有硬性规定：各科期末考试成绩必须达到一定的等级，或是在学科竞赛中获市、省、全国级别奖项的，更具有优先评比权，只要成绩过了关，几乎都可被评为"三好学生"、"优秀生"，所以评选优秀生很自然成了评选学习成绩好的学生。也就是说，在实际中学优生就被当作优秀生。而事实上，很多学优生与差生相比，虽然他们优点多，"求知欲强，抱负水平高；有比较完善的认知结构；思维比较灵活、敏锐，记忆能力较强，有克服学习上困难的毅力；竞争心强；荣誉感强，等等"[①]，但"不少学优生不同程度地存在某些弱点，如好胜、经不起批评、自高自大、离群倾向、固执己见、独立生活能力差等"[②]。如果教师与家长在孩子的成长过程中忽略学优生的这些缺点，放松对他们的思想教育，很容易使他们形成一种不良人格，成为他们进步的障碍。所以，教师要全面地看待学优生，采取相应的教育措施，发扬其良好的心理特点，克服其不良心理倾向，引导其树

[①] 张念宏主编：《教育百科辞典》，中国农业科技出版社1988年版，第327页。

[②] 张念宏主编：《教育百科辞典》，中国农业科技出版社1988年版，第327页。

立正确的人生观、树立远大的志向、不断地向更高的标准攀登。

四、研究思路

本课题的研究思路分为四步：

第一步提出问题。只有发现问题，才能去解决问题。目前中小学学习成绩优秀生的人格缺陷在分数主义的影响下往往被忽略而不利于他们的健康成长，所以笔者才提出这个问题进行研究。根据此问题笔者采取文献研究法，通过查阅大量的有关人格、人格障碍、人格缺陷与优秀生的理论书籍，了解相关的概念以及已有的研究资料，进行相关概念的文献综述，为本研究寻找理论依据。

第二步分析现状。通过访谈法与问卷调查法对学习成绩优秀生人格缺陷的现实状况进行调查分析，找到主要特征，才能对症下药。

第三步进行成因分析。由于影响人格形成的因素主要有遗传、生理、气质、环境等几个方面，而遗传、生理和气质与先天有关，改变的可能性不大，所以笔者主要从对孩子的成长影响较大的家庭和学校因素方面进行分析，找出学优生人格缺陷形成的特殊原因。

第四步寻找对策。人格障碍一旦形成，很难治疗。所以笔者根据中小学学习成绩优秀生人格缺陷的主要表现及其成因分析，重点研究预防学优生人格障碍形成的对策，为学优生人格健全发展提供有利环境。

五、研究方法

本研究主要运用以下研究方法：

（一）文献研究法

查阅有关人格、人格障碍、人格缺陷及优秀生的相关概念的理论书籍，通过文献检索，搜集国内外相关研究资料，充分了解与研究已有的理论知识，为本研究提供理论依据。

（二）访谈法

有针对性地对一些任教多年的班主任、任课教师进行访谈，还对一部分学优生、中等生和学差生进行访谈，了解学优生存在的主要问题。并利用网上教师博客和 K12 教师论坛做了讨论。通过访谈与网上讨论，可以拓宽研究问题的视野，获得更深入、细致的信息，帮助问卷的编写与本研究的展开。

（三）问卷调查法

笔者综合访谈与网上讨论获得的各方面的信息，并结合有关人格的理论书籍，针对教师、学生及家长编制出 3 份调查问卷：《有关中小学学习成绩优秀生的问卷调查》，分别对海珠区晓园小学、中大附中初中部、海珠区赤岗中学初中部、广州市第六中学高中部、海珠区第 97 中学高中部的教师、学生及家长进行了问卷抽样调查。取样调查对象既有小学、初中、高中的教师、学生及家长，也有重点中学和非重点中学的教师、学生和家长，具有一定的代表性。每个学校投放问卷 300 至 350 份，随机取样。为使调查真实有效，问卷一律采用无记名的方式作答。对学生共发放 1530 份问卷，回收 1530 份，有效率为 100%，对教师发放 89 份问卷，回收 89 份，有效率为 100%，对家长发放 1120 份，回收 1100 份，有效率为 98.21%。

第二章

中小学学习成绩优秀生人格缺陷的现实状况

一、学优生人格缺陷的案例

21世纪，我国计算机普及达到高潮，只要我们稍加关注网络媒体，就可发现一些关于"优秀生"的报道，大约有以下几种类型：

（一）给其他同学设置障碍

——2003年6月末，福州晚报刊登了一篇《学习成绩优秀生心理缺陷不容忽视》的文章，揭示了一种不容忽视的现象：部分学习成绩优异的学生，在高考和中考复习期间，有意给其他同学设置各种障碍，目的在于让同学名落孙山，说"这是为了适应未来竞争需要"。对于学习成绩优秀生的这种人格缺陷，当地的学生及家长反应强烈，并引发了一场大讨论。

据《福州晚报》2003年7月4日（编辑：杨华）报道：福州市一名重点学校的高三学习成绩优

秀生，在今年高考复习期间向同学传"经"：他每天最多看 10 分钟的书，每天到网吧上网一个小时。有几名同学信以为真，照他所传的"最佳方法"复习，结果高考后估分都在 400 分以下。后来，学习成绩优秀生的父亲到学校听填报志愿指导课，老师才从中得知该生每天在家都复习到深夜一点。其父知道后责问儿子何以如此，儿子轻松地笑着说："他们成绩也很好，毁一个，对手就少一个。"

　　还有一些平素学习不错的学生，在高考复习的关键时刻，假装向同学借资料，借了资料就藏起来，说是丢了，拿一些钱赔给同学了事。一些学习成绩优秀生，当同学向他请教时，时常装聋作哑，有的甚至有意将错的解题思路或答案告诉同学。一位初三学生的家长就说了这么一件事：他托相熟的一位名师给儿子出了一份数学卷子，儿子晚上没做完，第二天就带到班上利用自习课做。班上一个学习成绩优异的女生下课时看到，让他儿子借给她看，她拿过去看了看后，突然用来擦鼻涕。他儿子惊问："你干嘛用我的卷子擦鼻涕？"那女生一脸平静："我的面巾纸用完了。"事后，她对同班好友说："我没有的东西，我就不会让别人有。"①……

许多家长认为，一些学习成绩优秀生在最关键时刻给同学设置障碍，看似心理有问题，实际上也反映了学生道德品质上存在的问题。这不仅是心理缺陷，而且还是人格缺陷。一位家长在给记者发的留言短信上写道："这些人可以说是'学业上的尖子，人品上的矮子'"。一位姓董的先生说，一个人的成功不仅仅取决于智商取决于学习优异，还取决于他的人品，取决于他的胸襟，取决于与人的合作精神，我真怕这些从小就学会给同学设置障碍的人，长大后碰个头破血流，因为这已经有太多的例子了。

福州市一位长期从事青少年心理咨询与治疗的张鼎衡老师指出：有人格缺陷的学习成绩优秀生，据我的经验，轻则患精神疾病，重则走上自杀或犯罪之路。此类实例不少，值得家长、教师、社会的重视。

张老师说，如果仔细地进行心理测试与心理分

————————————

① 杨华：《学习成绩优秀生心理缺陷不容忽视》，载《福州晚报》，2003 年 7 月 4 日。

析，这些学生不仅仅是"心理缺陷"，而是"人格障碍"或"心理疾病"，不进行及时矫治，即使混过目前这一关，升入高一级学校，又会爆发更严重的问题。

他还说，这些实例中的学生都存在着人格素质不良的问题，比如，敏感、多疑、忌妒、焦虑等等复杂的心理素质，再加上没有理智地作出判断，就产生了损人利己的错误行为。严重者可能是一种人格障碍，净做负面的妄想，如不及时矫治可能发展成为心理疾病，甚至发展成为精神病[①]。

（二）自杀现象令人痛心

1. 国内大学生自杀现象屡见不鲜

不少因承受不了各种"打击"而自杀的学生，其中绝大多数是教师眼中的"学习成绩优秀生"，这也早就不是新闻了。看看这组统计数据真是令人心痛：

2003年12月6日，中国人民大学一男生留下

---

① 杨华：《学习成绩优秀生心理缺陷不容忽视》，载《福州晚报》，2003年7月4日。

遗书赤裸跳楼身亡面带微笑；

2004 年 4 月 16 日，北京师范大学一名研究生跳楼自杀；

2004 年 5 月 18 日，中国政法大学男生半夜跳楼自杀；

2004 年 7 月 1 日，北京中医药大学医学管理系一研二女生坠楼身亡；

2004 年 7 月 15 日，北京大学医学部一名大二女生从宿舍楼九层一跃而下；

2004 年 8 月 30 日，北京师范大学地理楼前一女研究生坠楼身亡；

2004 年 9 月 15 日，北京理工大学经管学院新生教学楼跳楼自杀；

2004 年 9 月 22 日，北京大学女博士从 13 楼坠下身亡，是否自杀尚无定论；

2004 年 11 月 11 日，北京师范大学一毕业生不堪就业压力自杀；

2005 年 2 月 18 日，中国传媒大学一女研究生在家中跳楼身亡；

2005 年 4 月 23 日，北京大学一女生在理科 2

号楼跳楼；

2005 年 5 月 4 日，武汉理工大学 23 岁在读硕士上吊自杀身亡；

2005 年 5 月 7 日，北京大学数学系博士跳楼身亡；

2005 年 5 月 13 日，北京大学医学部大三学生在成都双流机场跳天桥自杀；

2005 年 10 月 23 日，北京邮电大学博士生从 7 层楼顶坠下身亡；

2005 年 12 月 5 日，中山大学又有一个女生跳楼自杀；

2011 年 1 月 5 日晚 5 时 30 分许，华中科技大学文华学院男生公寓 5 号宿舍楼，一名男生从 4 楼跳下。医护职员赶至现场施救时，跳楼男生已不治身亡。得知跳楼者死了，一名女子趴在死者身旁痛哭不已。据称，跳楼者是该校大一学生。

2. 出国留学生自杀现象频频出现

现在出国留学的中国学生较多，然而，根据不完全统计，在过去 5 年中，有超过 500 名华裔学生在美国自杀。结果还显示，越是优秀的学生，越是优秀的大学，学生自杀的概率越高。例如，同为常春藤大学，哈佛大学的华裔学生自杀率就远高于布朗大学。除了哈佛、麻省理工和加州理工这些自杀高危学校，硅谷附近那些华裔精英学生云集的顶尖高中，例如 Palo Alto 高中和 Henry M. Gunn 高中也都是自杀率比较高的学校[①]。

　　2016 年 11 月 24 日，某论坛爆出一名多伦多大学的中国留学生身亡的消息。后经证实，死者名为 Zhi Hui Yang，来自中国上海，生前就读于多伦多大学生物医学毒理专业，还有四个月即将毕业。他还是一名非常优秀的学生，大学平均绩点高达 3.96（满分 4 分），曾获得多项奖学金和表彰奖励。从 Zhi Hui Yang 的 Linkedin 页面上能看出，他曾就读于上海的一间国际高中，2013 年毕业于上海中学国际部，同年拿到奖学金考入多伦多大学，拥有丰富的实习经历，可以说一直都非常优秀。[②]

---

① http://www.360doc.com/content/16/0617/12/32483876_568503551.shtml。

② 搜狐，http://mt.sohu.com/20161129/n474441305.shtml。

2017 年 3 月 15 日，美国媒体又爆出一名来自中国长春、就读美国密歇根大学（University of Michigan）的博士生驾驶飞机后跳机疑似自杀，成为中国留学生因无法承受压力而轻生的又一例。①

加拿大头条（Canadanews）了解到，根据荣新 LinkedIn 资料显示，2011 年他毕业于北京清华大学计算机语言专业，在校期间曾在中国百度实习，2011 年就读密歇根大学后，分别在 2013 年和 2016 年进入谷歌和微软实习。现年 27 岁的他在美国密歇根大学信息学院攻读人机交互、人工智能专业及自然语言处理等，原计划于 2016 年毕业。从个人账号中可以看出他热衷航空，他的自我介绍中写到，"我对通用航空充满热情，我是一名获得认证的私人飞机驾驶员，目前隶属于密歇根飞行员协会（Michigan Flyers）。"

加拿大运输安全委员会调查资料显示，荣新于 3 月 15 日在美国安娜堡市机场租用一架单引擎塞斯纳（Cessna）172 型飞机飞往泉港（Harbor Springs），但飞机却在加拿大马尼图瓦奇

---

① http://www.jiemian.com/article/1198761.html。

（Manitouwadge）以东 60 千米处坠毁。加拿大运输安全委员会调查资料显示，这架飞机在坠毁前已经飞行将近八百千米，然后在空空荡荡树林中坠毁。

调查人员表示虽然该飞机计划在密歇根州泉港降落，但直到事发前都并没有任何降落痕迹。警方认为这架飞机被荣新设置成自动驾驶，然后耗尽了燃油后坠毁。调查人员在坠机现场发现机舱内空无一人，飞机残骸四周的雪地上也没有任何脚印，警方认为荣新在飞行途中就已经跳机。

由于学业压力大、生活不顺心以及远离亲人等原因，不少中国留学生正面临越来越严重的焦虑、抑郁及企图自杀问题。

（三）杀人现象触目惊心

——2004 年 2 月上旬，马加爵在云南大学鼎鑫学生公寓与其同学唐学李、邵瑞杰、杨开红等人为琐事争执，认为邵瑞杰、杨开红等人说自己为人差、性格古怪等，并认为自己在学校的名声受到诋毁，原因都是邵瑞杰、杨开红、龚博等人所致，感到很绝望，于是决意杀害邵瑞杰、杨开红、龚博，因担心同宿舍的唐学李妨碍其作案，决定将4人一起杀害。2月13日至15日，马加爵采取用铁锤打击头部的同一犯罪手段，将唐学李等4名被害人逐一杀害，并把被害人尸体藏匿于宿舍衣柜内。[①] 这就是2004年震动社会的马加爵杀人事件。

马加爵简历：1996年至1997年在宾州初中读初三，以优异成绩考取省重点宾阳中学；1997年至2000年就读于宾阳中学；1999年至2000年读高中，成绩优异，曾获得全国奥林匹克物理竞赛二等奖，被预评为"省三好学生"；2000年至2004年就读于云南大学生化学院生物技术专业；2004年2月13日晚杀一人，2月14日晚杀一人，2月15日再杀两人，后从昆明火车站出逃。2004年3月1日被公安部列为A级通缉犯，3月15日在海南省三亚市河西区落网；2004年4月24日被昆明市中级人民法院依法判处死刑，剥夺政治权利终身；2004年6月17日被依法执行死刑。[②]

---

① 《2004年中国十大案件评出：马加爵杀人案令人深思》，http://lf.lnu.edu.cn/detail.jsp?id=3588。

② 百度百科，http://baike.baidu.com/link?url=_bC6j1sPWi

——2008 年 10 月 28 日晚 18 点 40 分左右，中国政法大学程春明教授在政法大学昌平校区端升楼 201 教室准备晚上 6 点 45 分开始的"比较法总论"课程，被该校一男生付成励闯入教室后手持菜刀直接砍向右颈部后，送往昌平中医院，经抢救无效身亡，这是当时轰动全国的中国政法大学弑师案。

付成励，1986 年 7 月 2 日出生，祖籍黑龙江黑黑河市，1997 年，11 岁的他随父母迁移到了天津市东丽区的一个小村庄。付成励的爱学习和乖巧迅速赢得了邻居们的喜欢。付家陆续搬过几次，大约在 2000 年付成励读初二的时候，搬到了现在的村子。付成励转到村里初中之后，成绩依旧很好，他爱踢足球，也迅速融入了新环境。2003 年中考时候，考上了东丽区第一百中学，这也是东丽区最好的一所中学。高中时期的付成励人缘一如既往地好，2005 年他考上中国政法大学，被中国政法大学录取为国际政治专业本科生。2008 年 10 月 28 日

b14Xbn8TnP5THyC6ze0wf4rGuPiTATzce2zQAbHN0C-QSB5W blyJmfv47m_B1yVcT9NAvHKK1wnI2wjVmjZsDHAC-_GZ1qP YJ7XhGZdyoUmBqgrP7pGDrZ。

晚，在中国政法大学端升楼一教室内，将前来授课的副教授程春明用菜刀砍伤颈部，程在随后死亡。付成励在接受司法机关讯问时称，其之所以行凶是因为被害人程春明曾与其女友有恋情，他认为女友被程春明所伤害，且此事和女友向他提分手有很大关系。[①] 付成励将女友断绝与自己恋爱关系的责任完全归于程春明教授。他无法接受被女友抛弃的事实，选择以杀死程春明教授来平衡自己所遭受的损害。从他归案后的理直气壮（为民除害、杀一儆百）可以见出他找到了心理平衡。

——2013 年 4 月 16 日，上海复旦大学 2010 级硕士研究生黄洋同学因急性肝损伤经抢救无效去世。警方通报在学生的饮水机残留水中检测出有毒化合物——N-二甲基亚硝胺，2013 年 4 月 16 日上午，上海警方证实，中毒研究生同寝室的林森浩有

---

① 百度百科，http://baike.baidu.com/link?url=eiezKvR0jw73dcxo1HbdF7EzEV7K6OXmcxuWhfoTIWtboXUB5pNdZu8PO0lnMsrQFWvJSURNvanFP8TmdaGd0CeLuIHbicg8INWPevzbAWIK3FmHL72Ywh4HQXFIUGym。

重大作案嫌疑，已被刑事拘留。①

　　林森浩，2010 年，因成绩优异免试进入复旦大学上海医学院攻读研究生，在中山医院见习期间，牵涉复旦大学医学院研究生黄洋被投毒死亡案。2013 年 4 月 16 日，警方初步认定同寝室的林森浩存在重大作案嫌疑，被刑事拘留。2014 年 2 月 18 日，上海市第二中级人民法院一审以故意杀人罪判处林森浩死刑。2014 年 12 月 8 日此案二审开庭。2015 年 1 月 8 日，上海市高级人民法院宣判，驳回上诉、维持原判，死刑判决依法报请最高人民法院核准。2015 年 12 月 9 日，最高法已下发核准林森浩死刑的裁定书。11 日，林森浩被依法执行死刑，终年 29 岁。法院判决书认定，嫌疑人是因琐事而采用投毒方法故意杀人。嫌疑人投毒，心理是有愤怒和不满的。这与嫌疑人嫉妒、自卑、敏感、脆弱的性格缺陷和处理人际关系及情绪调节能

---

　　① 百度百科，http://baike.baidu.com/link?url=WgXOvr04-FfFkqZkpK-JDs5DQnoi1lBLvpX0QN2ncz0pz0qiyzX8AO7TvjDVR1XG10_ERdMPhKEFd_rPyHCKcgH5kwU4eKHbxRGrPwRqAYg72JL5mLqxFQH6JVCbYmFg6_uP-DF24lCjtZBccZ25Rq。

力低有关。具有这些不良因素的人在生活中容易遭遇挫折，而挫折往往使他产生愤怒、怨恨、敌视等消极情绪体验，并长时间难以排除，当积累到一定程度时，如果受到一点哪怕很小的事情的刺激，就会情绪发作，导致行为失控而作案，伤害被害人。[①]

——2016 年 2 月 14 日，受害人谢天琴被人杀死在福州市晋安区桂山路 172 号某中学教职工宿舍 5 座 102 单元住处内。经侦查，其儿子吴谢宇有重大作案嫌疑。

吴谢宇，男，1994 年 10 月 7 日出生，汉族，福州人，北京大学经济学院 2012 级学生。2006 年，吴谢宇进入福州教育学院第二附属中学，2009 年，吴谢宇中考考了 437 分，全校第一，当时学校还发了喜报。这一成绩，仅比当年福州市中考最高分 438.5 分低了 1.5 分。

中考后，吴谢宇进入福州一中。高二那年，吴谢宇获得了福州一中的"三牧之星"奖学金。这个奖学金，每学年颁发一次，奖励人数为每年段班级

---

① 百度百科，http://baike.baidu.com/item/ 林森浩。

数的二分之一。

吴谢宇的好成绩，为他敲开了北大的大门。2012 年，福州一中共有 4 人被北大提前录取，吴谢宇是其中之一。同年，吴谢宇进入北京大学经济学院。进入北大后，吴谢宇学习成绩依然突出。北京大学经济学院官网显示，大一学年，吴谢宇获得了北京大学三好学生荣誉称号；大二学年，吴谢宇获得了北京大学廖凯原奖学金。

不仅在校内因成绩优异获得奖学金，就连前往校外英语培训机构学习 GRE，吴谢宇也拿下了奖学金。2014 年 9 月 13 日，吴谢宇在北外参加了 GRE 考试，获得了高分：Verbal（词汇）165 分，Quantitative（数学）170 分，作文（Analytical Writing）4.5 分。

2016 年 3 月 3 日，福州警方发布一则悬赏通告在网上热传。通告称，2 月 14 日情人节，警方发现一名女子死在福州一所中学教职工宿舍内，其 22 岁儿子有重大作案嫌疑，警方悬赏万元缉捕。福州警方证实此通告确由警方发布，犯罪嫌疑人目前仍未抓获。

——2015年6月17日，南京名校毕业生郁某为报复他人对其语言刺激，而实施杀人。17日，记者从南京市鼓楼区法院获悉，鼓楼区法院对这起故意杀人案做出一审宣判，判处被告人郁某有期徒刑8年，并赔偿受害人各项损失4万元。

郁某1986年出生，毕业于东南大学。在上大学期间，他与同乡黄莹（化名）成为恋人，两人关系一直很好。毕业后，两人相约留在南京发展，黄莹很快找到了不错的工作，而郁某却在找工作上遭遇不顺。

2015年9月6日，郁某在租居地附近一小区内散步时，被该小区的刘女士撞见并追问他为何在小区闲逛，郁某见此便谎称自己就住在楼上，只是随便在下面走走。但刘女士却盯着郁某说："这栋楼上的人我都认识，但没有见过你。"

刘女士的这几句防范之言，却让郁某很受伤，他认为刘女士这是在怀疑和刁难自己，于是顿时心生怨恨。随后，郁某回到住处，拿了一把水果刀，再次闯到该小区并进入刘女士家中，趁刘女士不备对其脖子上连刺两刀，刘女士当即倒地，血流如注。

行凶后，郁某以为对方已死，于是就在刘女士家中把身上的血迹冲洗干净，并将溅上血的衣裤更换后逃离现场。幸运的是，刘女士在郁某逃离后不久从昏迷中苏醒过来，并被邻居发现，将其送往医院抢救，从而保住了性命。2015 年 9 月 7 日，郁某被警方抓获归案。

2016 年 4 月 13 日，南京市鼓楼区法院公开开庭审理被告人郁某涉嫌故意杀人一案。庭审中，郁某辩称没有杀害刘女士的本意，之所以对刘女士动刀是因为其语言刺激了自己。郁某归案后在供述作案动因和目的时曾表示，命运对其不公，自己就如同《楚门的世界》里的主人公楚门，命运早被人安排好，故产生厌世情绪。[①]

这一系列发生在学习成绩优秀生身上的问题或许只是巧遇，但出现的频率越来越高，不得不令人深思，也为家长、学校敲响了警钟：如何加强对学生心理和品德的教育，该培养怎样的学习成绩优秀

---

① 北京联盟，http://www.010lm.com/roll/2016/0617/2309673.html。

生?①

　　上述这些案例折射出的有关学习成绩优秀生的心理问题不容我们乐观，可见加强学习成绩优秀生的人格教育，及时矫治人格缺陷，预防人格障碍的形成成了当务之急。

二、中小学学习成绩优秀生人格缺陷的调查结果②

（一）访谈及网上论坛

　　利用闲暇聊天时间，笔者有针对性地对一些任教多年的班主任、任课教师进行了访谈，还对一部分学优生、中等生和学差生进行访谈，了解学优生存在的主要问题。并利用网上教师博客和 K12 教师论坛做了讨论。访谈和讨论的内容均为几条开放性问题：您对学习成绩优秀生有何看法？您认为他们怎样？他们有哪些不足之处？能否举例说明？

---

　　① 杨华：《学习成绩优秀生心理缺陷不容忽视》，载《福州晚报》，2003 年 7 月 4 日。
　　② 高小兰：《中小学学习成绩优秀生人格缺陷问题研究》，载《课程教学研究》，2017 年第 2 期。

网上响应的人很多，博客上共 71 人，12K 教师论坛上共 24 人进行了讨论。无论是访谈的对象还是网上发言者，他们普遍认为：有很多学习成绩优秀生学习自觉，求知欲强，成绩突出，谦虚谨慎；思想进步，乐于助人，尊敬师长，团结同学，热爱集体，组织纪律观念强；思维活跃，接受新事物快，学习热情高，积极举手发言，积极与其他同学配合，在学习工作中能起模范带头作用。

但也有部分学习成绩优秀生孤傲、自负，好胜、固执，优越感强，看不起教师和同学，对自己要求过高，过分看重分数，非常重视平时作业成绩和考试成绩，心理娇气、受不了挫折和批评，耐挫能力差，自理能力不强，自私自利，自以为是，缺乏同情心，说话尖刻、爱挖苦人，不会与同学和睦相处，对父母和教师缺乏感恩之心，往往内心深处认为学习成绩好就是因为自己聪明，自己喜欢学习，很少想到是教师和父母的教育影响，很少有感激教师和家长的，缺乏人情味。反而目前学习成绩差的同学，对人更热情，与人相处更有人情味。有位教师在博客上谈论道："有些成绩优秀的学生在学校、教师和家长面前表现得乖巧懂事，背地里却可能和社会青年交朋友，学会抽烟，上酒吧……人前人后完全是两个模样。"他们之所以会这样是因为教师家长都被他们的优秀成绩所蒙蔽，过于相信他们，对他们的管教也就松懈很多。这样的学生，不会是少数。有的过于自以为是而不善于与他人合作，有位教师还举了这样一个案例："我称那个学生为'骄傲的公主'。她成绩是全班第一，但是她看不起学习成绩差的同学，不愿意与他们合作，甚至看不起我，认为我讲的内容不够深，上课很认真听，但从不正眼看我。"还有一位说道："放暑假的时候，我自己联系了回母校帮忙带高一新生军训。其间就遇到了不少有问题的学优生，他们大多表现为漠视学校的制度，不把教师看在眼里。其中某个重点班，每个学生成绩都十分优秀，然而纪律却很差，队列操最差是他们班，内务最差也是他们班。教师对他们提出批评，他们还不把教师当作一回事。学校规定高一新生军训期间不准到小卖部买吃的，他们班的同学就冒充是高二的同学，等等。虽然不是每个重点班都如此，但现在重点班的问题已经日趋严重。社会把学习好看作是最重要的，学习好的学生要不就很乖，要不就变得不可一世。"

"在这类学生中，由于受中国传统教育思想等的影响，把追求成绩当作最大的目标。他们当中，或好胜心特强，容不得别人超越；或者性格孤僻，不善于交流；或者有较强的嫉妒心理。我曾看到这样的一个例子：某校成绩总是在最前面的两个学生，一个家境贫寒，一个家境富裕，在班上成绩排名中有时家境贫寒者排第一，有时是家境富裕者排第一。后来，后者为了稳坐第一，便天天用钱拉前者晚修课后去外面小吃或喝酒玩游戏，而后者却悄悄地溜进教室学习。久而久之，后者成绩遥遥领先，在高考中获胜。而前者却渐渐退步，最后在高考中名落孙山。但好景不长，前者由于心灵扭曲，上大学后便因犯罪而判刑（详细情节我记不清了）。"有位教师还这样说道。

（二）问卷调查

为了查清中小学学习成绩优秀生到底有哪些缺陷，以便对症下药，笔者综合访谈与网上讨论的结果，并结合有关人格的理论书籍，针对教师、学生及家长自行编制出调查问卷：《有关中小学学习成绩优秀生的问卷调查》。首先对笔者所在的晓园小学的教师、学生及家长三方面进行了问卷调查，了解他们对学习成绩优秀生存在问题的认识。然后对中大附中初中部的教师及学生家长，海珠区赤岗中学初中部的学生，广州市第六中学高中部的教师、学生及家长，海珠区第97中高中部的学生进行了问卷抽样调查。学生调查问卷是在班主任的指引下利用班会时间进行答卷，家长问卷则是在家长会时间进行，教师问卷是利用教师开会时间进行，三种问卷都是在有充足的时间保证下进行的。

本人对学生共发放1530份问卷，回收1530份，有效率为100%，对教师发放89份问卷，回收89份，有效率为100%，对家长发放1120份，回收1100份，有效率为98.21%。调查内容同为一份问卷调查表，只是前言部分有所改变。问题：您认为中小学学习成绩优秀生（班上前5名或10名）在下列特征中表现的程度如何？我共罗列出25项特征（见附录一）。调查结果如下图：

中小学学习成绩优秀生以下特征表现层度调查情况统计表 1

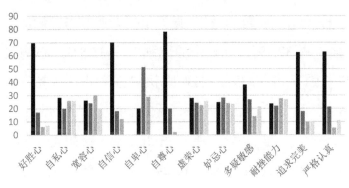

中小学学习成绩优秀生以下特征表现层度调查情况统计表 2

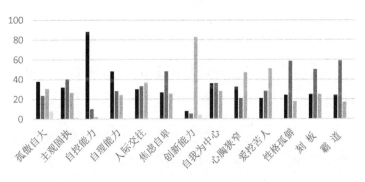

在所调查的教师、学生及家长中认为学优生具有下列特征的人数占所调查总人数的百分比为：创新能力"不强"占82.8%，好强好胜"强"占

69.6%，严格认真"强"占62.8%，追求完美"强"占62.5%，孤傲自大"强"占37.9%，多疑敏感"强"占37.9%，自我中心"强"占35.8%，心胸狭窄"强"占32.3%，主观固执"强"占31.8%，爱慕虚荣"强"占27.8%，耐挫能力"不强"占27.6%，焦虑自卑"强"占26.6%，嫉妒心"强"占24.7%，霸道"强"占24.1%，性格孤僻"强"占24.1%，爱挖苦人"强"占20.7%，自私自利"强"占15.1%。

（三）结论

从访谈、调查问卷及网上论坛的结果可以得出两点结论：

1.学习成绩优秀生的表现存在两种现象：一种是表现为勤奋好学，谦虚谨慎，尊敬师长，团结同学，乐于助人，同学关系融洽，德、智、体全面发展；另一种表现为骄傲自大，自以为是，瞧不起同学、老师和家长，喜爱挖苦别人，自尊心过强，好爱面子，经不起批评和教育，耐挫能力差，爱慕虚荣，嫉妒心强，性格孤僻等。

本研究中笔者所讨论的是第二种现象。

2. 部分学习成绩优秀生的人格缺陷主要集中表现为：过分好胜与自尊、过分追求完美、过分严格认真、宽容心不强、主观固执、霸道、自我中心、孤傲自大、自私自负、爱慕虚荣、多疑敏感、嫉妒心强、耐挫能力较差、感恩之心不够、性格孤僻、爱挖苦人等，这些特征如不及时加以引导，极易发展为强迫型人格障碍、偏执型人格障碍、依赖型人格障碍、自恋型人格障碍或焦虑（回避）型人格障碍等。

三、中小学学习成绩优秀生人格缺陷的主要表现

根据以上调查，笔者将部分中小学学习成绩优秀生存在的人格缺陷主要概括为以下八点：

（一）自尊虚荣爱面子

学习成绩优秀生由于能力较强，大多是各项工作和活动的骨干，学校教师对他们过分信任和偏

爱，使他们在学校或班级中处于一种优越地位，得到的总是教师的表扬以及同学的尊敬和羡慕；他们耳边听到的批评少，表扬多，甚至含有大量言过其实的褒扬，容易导致自恋型人格障碍的形成。另一方面，由于他们的心理尚未成熟，往往对自己的认识不够，在自我评价上产生片面性，不能正确评价自己，过高地估计自己，看不到自己的缺点和不足，从而盲目自尊、自信，慢慢滋长了虚荣心。当别人批评时，表现得非常警觉敏感，不是虚心改正，而是固执己见，钻牛角尖，容易形成偏执型人格障碍。这些现象正是虚荣心在作祟。为了使自己"满足"外界某些超过自己实际水平的赞誉，有时就会以弄虚作假的方式骗取信任、荣誉，不择手段地排挤竞争对手。譬如，在一所重点中学初中二年级就读的一位班长，为了能保住考试成绩"第一"，居然在期末考试中作弊。还有一位女学生，父母在农村种地，小学毕业时她以优异的成绩考入县城一所重点中学的初中部，由于她虚荣爱面子，她的父母从乡下来县城看望她时，她怕丢脸，怕别人取笑她的父母是"土包子"，居然当着室友的面不称父母为"爸、妈"，而称呼他们为"伯父、伯母"，气得她的父母当众斥骂她。这些人，尽管他们本意不愿这样做，但由于舆论的压力或是爱虚荣的心理，促使他们作假。同时，他们的精神世界也会承受虚荣所带来的极度困苦。

从调查问卷结果可以看出，在所调查的人群中，认为学习成绩优秀生爱慕虚荣的强度比例如下：A 强 占 27.8%，B 一 般 占 24.1%，C 不 强 占 22.5%，D 其他占 25.6%；虽然各个强度所占比例相差不大，但毕竟"强"仍居首位，且比例也不小，1000 人中约有近乎 278 人，其数量也非常之大，应引起人们的重视，及时加以引导，避免发展为人格障碍。

（二）多疑敏感爱嫉妒

有些学习成绩优秀生极其敏感多疑爱嫉妒。他们因长期受到宠爱，任性自私，自命不凡，自以为是，心胸狭窄，名利至上，总想独霸"第一"，稍不如意，便赌气任性，大有"地球绕着我转"之势。当别人成绩超过自己时，他们不能正确对待，不是奋起直追，下定决心，刻苦努力，去赶上或超过别人，而是产生心理不平衡，把怨恨集中于对方，千方百计地贬低和诋毁别人，产生强烈的嫉妒心理。在学习上不是正当竞争，共同发展，而是搞"你死我活"斗争。在学习过程中，采取垄断资料、知识保密、弄虚作假、故意给对方制造学习障碍等方法来进行竞争，以便在成绩上超过对手，对于超越自己的同学或怒目视之，或当面讽刺，或背后议论，甚至说教师偏心等。当与人发生矛盾后，他们会马上去责备别人，并推卸责任，从而否定与减轻他们自己的问题，常常很少认为是他们的行为造成了问题的发生。他们通常被其他人认为是好争辩、固执、防御性强和不愿意妥协。某些学优生多疑敏感好嫉妒这一心态的存在，直接影响其个人成绩的提高，有害于良好道德品质的形成。

上述这些现象虽不普遍，但在调查问卷中认为学优生敏感多疑 A"强"的占 37.9%，B 一般占 26.7%，C 不强占 14.1%，D 其他占 21.3%；嫉妒心"强"的也占 24.7%，严重影响集体学习风气，破坏同学间的团结，也影响群体学习成绩的提高。若不加以及时的引导很容易导致偏执型人格障碍的形成。某些嫉妒心重的学生如不加以控制，一旦发作，就会冲破理智的堤坝，做出损人利己之举。

多疑敏感是偏执型人格障碍的主要表现[①]。偏执者通常极度感觉过敏，对侮辱和伤害耿耿于怀；思想行为固执死板，敏感多疑、心胸狭窄、爱妒忌，对别人获得成就或荣誉感到紧张不安；自以为是，自命不凡，对自己的能力估计过高，惯于把失败和责任归咎于他人等[②]。

（三）偏执清高自以为是

很多学优生都有固执己见的特点，一方面，他们较敏感，能敏锐地感知与判断事物的发展方向，而且通常判断正确，这就加固了他们对自己判断力的自信，同时也使自己变得更加固执与偏激，不肯轻易相信别人，很难听得进别人的意见和建议，不

[①]　卫昪、左振瑛著：《青少年人格塑造——马加爵案件的心理思考》，北京大学出版社 2004 年版，第 93 页。

[②]　王玲主编：《变态心理学》，广东高等教育出版社 2002 年版，第 194 页。

能与教师、家长和同学有效地进行沟通和交流，喜欢我行我素，极易导致偏执型人格障碍。他们凭借自己的天赋和某些方面的成绩而感到自我满足，因而会常常表现为不合群，不关心集体，不喜欢参加集体活动或劳动。他们有时自命不凡，自以为是，经常喜欢独来独往，沉浸在自己的世界里，从而逐渐产生清高自居心理，也很容易导致自恋型人格障碍的形成。对教师的教导，他们往往反应冷淡，心不在焉，时常表现出不耐烦的神情。

通过调查问卷我们看到主观固执的比例为31.8%。这样的心态和行为非常不利于他们认识自己的缺点和不足，不利于他们的成长与进步。

（四）倔强好胜高傲自大

由于学习成绩优秀生条件好，聪明伶俐，思维敏捷，理解能力强，意志坚定，在班上学习成绩优秀，正因如此，他们往往在集体中表现出坚决果断、争强好胜、倔强不服输等心理特点，这种优点如果在外界不正当的表扬因素的引导下，就很容易失去自觉控制，骄傲情绪无限扩张，他们会认为自己是"天之骄子",变得目空一切,盲目自傲,妄自尊大,唯我独尊,易导致自恋型人格障碍的形成。

倔强好胜在学习成绩优秀生中表现得较为普遍(当然也有部分优秀生也很谦虚谨慎),在调查中,A强占69.6%,B一般占17.1%,C不强占6.2%,D其他占7.1%。69.6%的人认为学习成绩优秀生好胜,37.9%的人认为他们孤傲自大。

(五)过分认真与追求完美,缺乏创新精神

学习成绩优秀生几乎都很认真,他们有很强的自制心和自我束缚能力,学习一丝不苟,不能容忍马虎现象,无论是作业还是测验,都十分认真作答,并反复检查,力求正确无误。对其他事情也是严格要求自己,不越雷池一步,以免超出标准范围或自己感觉不舒畅,这实际上是他们的优点:做事认真可靠,遵时守信,井井有条。但如果过分认真,易导致强迫型人格障碍的形成。"强烈的自制心和自我束缚"是强迫型人格障碍的主要特

征"[1]。

学习成绩优秀生大多过分追求完美，稍有一点事情做得不好，便惴惴不安。同时，他们也非常关注自己的形象和别人的评价，总想给人留下好印象。所以，这些人会对自己严格要求，事事追求完美。"强迫型人格障碍者其特点是无休止地、执著地追求完美。"[2] 他们对任何事情都小心谨慎，顾虑多端，怕冒风险，怕犯错误，不敢大胆尝试与创新，容易造成一种过于趋同、从众与谨小慎微的心理，变得循规蹈矩、因循守旧，缺乏应有的斗志和创新精神。

在问卷调查中，严格认真：A强占62.8%，B一般占21.1%，C不强占5.2%，D其他占10.9%；追求完美：A强占62.5%，B一般占17.7%，C不强占9.6%，D其他占10.2%。创新能力：A强占7.7%，B一般占5.2%，C不强占82.8%，D其他占

---

[1] 陈仲庚、张雨新著：《人格心理学》，辽宁人民出版社1986年版，第423页。

[2] 陈少华编著：《新编人格心理学》，暨南大学出版社2004年版，第227页。

4.3%。从调查中我们发现认为学优生创新能力强的仅占 7.7%，这是个值得我们深思的问题。

可见，过分认真与追求完美极易导致强迫型人格障碍的形成。

从调查问卷中我们看到认为学优生过分严格认真的占 62.8%，过分追求完美的占 62.5%，创新能力"不强"占 82.8%。这么高的比例说明具有普遍性，我们应及早对这些学生进行正确引导，以免其人格缺陷继续发展，最后导致人格障碍的形成。

（六）焦虑不安信心不足

焦虑是指对当前或预计到对自尊心有潜在威胁的任何情境而产生的一种担忧的反应倾向。它是由于个体受到不能达到目标或不能克服障碍的威胁，致使自尊心与自信心受挫，或致使失败感或内疚感增加，从而形成的一种紧张情绪状态[①]。

很多学优生会在考试前心理紧张、失眠、食欲缺乏；他们忧惧挫折、害怕失败，总是处于一种担

---

① 莫雷主编：《教育心理学》，广东高等教育出版社 2002 年版，第 451 页。

心成绩下滑、被他人赶超的恐惧心态之中；他们经常会因生活中一些鸡毛蒜皮的小事而牵肠挂肚、耿耿于怀。正是这种拿不起、放不下的焦虑心态导致学优生对自己信心不足，对考试缺乏正确的态度，以至于学优生考试作弊的现象屡见不鲜；也正是这种焦虑心态使他们经常在关键时刻发挥失常，考不出平日的好成绩，极易导致焦虑（回避型）人格障碍。这种人会表现过分敏感，易于焦虑，对自我价值缺乏信心。一些理论家认为，这种"习得性恐惧、令人不安的思维方式是形成回避型人格障碍的原因"[①]。在教学实践中，你会发现每年都有不少平时学习很棒的学生高考发挥失常，考得不理想；同时，也会有部分平时学习成绩并不突出的学生，高考却能发挥得很出色。究其原因，主要是心理素质的差异使然。

（七）外强内弱耐挫力差

长期处于"金字塔尖"的部分学习成绩优秀

---

① 钱铭怡主编：《变态心理学》，北京大学出版社 2006 年版，第 367 页。

生，由于他们在校学习都一帆风顺，在家又备受宠爱和照顾，很多事情父母都帮他们安排好，包括学习的内容和作息时间，甚至将来的奋斗目标，他们只管朝着父母所定的方向努力，不用担心任何事情。他们一直在赞扬声中长大，尤其在学习方面的成功较多，由此带来的自我满足的体验也较多，很容易过高地估计自己，只看到自己的成功，也只能接受自己的成功，很少品尝失败和被冷遇的滋味。他们在父母的爱护和悉心照料下逐渐丧失自己的主见，对父母更加依赖，十分顺从与听话，极易导致依赖型人格障碍。

依赖型人格障碍的特征是极度地依赖他人。他们虽然有较好的工作能力，但由于缺乏自信，自觉难以独立，不时地需要别人的帮助。他们不果断，也缺乏判断力，总是依赖别人为自己做出决策或指出方向[①]。

他们一旦离开父母，便不会照料自己，难以表示对他人意见的不同看法，内心害怕失去他人的支

---

① 陈仲庚、张雨新编著:《人格心理学》，辽宁人民出版社 1986 年版，第 422—423 页。

持与赞成。由于未曾受过挫折，他们对前进道路中的困难和可能出现的失败估计不足，没有足够的心理准备，承受能力差，一旦遇到挫折或打击，就显得不知所措，情绪低落，悲观失望。他们看起来外表光亮坚硬，实则不堪一击。

近几年，不少因承受不了各种"打击"而自杀的学生，其中绝大多数是教师眼中的"学习成绩优秀生"，这也早就不是新闻了。作为中国顶尖学府的北京大学在 2005 年 4 月—7 月这短短的四个月间居然有 3 起学生跳楼自杀事件。能进入这所大学的学生绝对是全国顶尖的学生，他们自强、奋斗，终于进入这所令无数学生向往的大学，却不加以珍惜，不继续奋发图强，不善待自己的生命，遇到一点挫折便自杀身亡，白白浪费父母的心血，于己于他都是令人痛心。

在问卷调查中耐挫能力的调查结果为：A 强占 23.5%，B 一般占 21.9%，C 不强占 27.6%，D 其他占 27%；耐挫力"不强"的居首位。在此，应引起人们的高度关注。

（八）人际关系紧张敏感

部分学习成绩优秀生由于怕参加社交活动而耽误自己的学习时间，所以很多时候他们把大量的时间花在学习上。他们常常独来独往，觉得时间珍贵，来去匆匆，从而失去了许多与人交谈的机会，也失去了许多人际交往的经验，因而人际交往能力远比其他同学差。殊不知这些人际交往与生活的经验远比书本知识宝贵，甚至有可能决定他们将来事业的成功与否。这或许就是某些学优生一生最大的遗憾与缺陷，也或许就是他们日后的事业不能取得很大成功的重要原因之一。

其次，这些学优生事事追求完美，时时想保持完美的形象。所以在人际关系方面十分敏感与多疑，他们担心自己的言行不得体而遭到别人的批评、反对与拒绝，因此，在公众场合他们很少发表自己的意见或见解，害怕受到批评，影响自己的形象。正因为他们很少发表自己的见解，口头表达能力没有得到适时的锻炼，因而也会相对变得笨拙，久而久之，在心底便会形成一种自卑感，这种自卑感促使他们在公众场合更不敢发表自己的言论。

再次，因为他们参加的社交场合少，接触的人员也少，缺少聆听的机会，他们逐渐思想封闭，孤陋寡闻。因而，他们更难融进别人的话题与交谈的氛围，即使插上几句，又会显得僵化古板，毫无生气，跟不上潮流，或引起哄然大笑。这便加剧了他们封闭保守思想的形成，更不敢再敞开心扉，更不愿在公众场合发表自己的意见或见解，唯恐遭到反对、批评或嘲笑而使自己难堪。所以，他们会逐步远离人群，很少与人发展亲密关系，以免受到伤害与批评，并形成一种恶性循环，极易发展成为回避型人格障碍。他们看似孤傲清高，给人一种不可亲近的感觉，实质上在他们的内心深处极其自卑。这种学优生在生活中只会随声附和，要么缺乏见解，要么是"老好人"一个，工作和生活中缺乏冒险精神，除非有所改变，否则，一生也很难成就大事。

也有一些学优生，他们自视清高，优越感强，不把别人放在眼里，经常嘲笑、戏谑别人；喜欢以己之长度他人之短，而且善嫉妒，不能容忍别人超越自己。这种学优生易于形成偏执型人格障碍。他们固执、偏见，非常在乎别人对自己的态度却往往忽视自己对他人的言行，看见别人对自己不够热情就会进行无端的猜测，同学关系极不融洽，有些学优生以自己优异的学习成绩为资本，以自我为中心，很难处理好与其他同学之间的关系。调查问卷中自我中心的比例占 35.8%，多疑敏感占 37.9%，比例很高，我们必须引起高度重视。

同时，还有一些学优生与教师关系也不够和谐融洽。有的学优生瞧不起教师，认为当教师没出息、水平低，认为学习好是个人努力的结果，与教师没多大关系，因而对教师缺乏应有的礼貌与敬重；还有的学优生对教师吹毛求疵，教师的教学风格乃至言行举止稍不合自己的口味，就不积极配合，甚至马上给以颜色。许多教师都曾反映过这样一个"怪"现象：越是经常受教师批评指责的绩差生、调皮捣蛋的学生，越对教师怀有深厚的感情，乐意帮助教师，甚至有许多人在毕业多年后仍能与教师保持密切的联系。相反，备受教师宠爱的学优生反而与教师感情淡薄，碰到教师头一扭，远远见了绕道走。

许多学优生由于人际关系紧张敏感，都会有一种孤独感和自我封闭倾向，这样的人际关系既不利于他们的学习和生活，更不利于他们的健康成长。

综上所述，我们发现部分学优生的人格缺陷极易发展为强迫型人格障碍、偏执型人格障碍、依赖型人格障碍、自恋型人格障碍或焦虑（回避）型人格障碍等。

第三章

中小学学习成绩优秀生人格缺陷的形成原因

影响人格形成的因素非常复杂，主要有遗传因素、生理因素、气质因素、环境因素和重大事件等几个方面[①]。由于遗传、生理和气质与先天有关，改变的可能性不大，这里笔者主要从环境因素方面进行分析。环境因素主要包括家庭、学校和社会文化等几个方面[②]。在环境因素中，家庭管教方式与学校应试教育的负面影响对学优生人格缺陷的形成又起着极其重要的作用。

一、家庭管教方式与人格缺陷

家庭是个体生活的中心，是受到最早、最多影响的生态因子[③]。家庭环境对人格的形成有着重大

---

① 韦有华编:《人格心理辅导》，上海教育出版社 2000 年版，第 13 页。

② 韦有华编:《人格心理辅导》，上海教育出版社 2000 年版，第 14 页。

③ 许惠英著:《人格教育论——青少年的人格培养》，北京学苑出版社 2000 年版，第 84 页。

的影响作用，家庭结构和气氛、父母的教养方式、出生顺序、家庭的社会经济地位、父母对子女的期望、儿童在家庭中的地位等，无不对人格形成有极为重要的影响[①]。其中，父母的教养方式，特别是母亲的教养方式，对儿童的人格形成起着特别重要的作用[②]。北京师范大学高玉祥教授在研究了大量材料的基础上指出，在儿童全部成长过程中，父母对子女的态度和教育方式是人格发展的很重要的基石，有可能左右孩子一生的人格发展[③]。

经国内外专家研究证实，青少年时期是人格障碍形成的关键时期。人格发育虽然有一定的遗传倾向，但与后天环境，特别是父母的养育方式密切相关。父母的养育方式正确，孩子的人格发育一般良好；父母的养育方式不良，孩子成年后就可能造成

[①] 张积家编著：《普通心理学》，广东高等教育出版社2004年版，第622页。

[②] 张积家编著：《普通心理学》，广东高等教育出版社2004年版，第622页。

[③] 许惠英著：《人格教育论——青少年的人格培养》，北京学苑出版社2000年版，第84页。

不可逆转的人格障碍、神经症等疾病[1]。如溺爱的管教方式易导致子女任性、幼稚、自私、野蛮、自我中心、蛮横无理、依赖[2]、退缩、情绪不稳定、工作缺乏信心、抱负水平低、易受别人意见作用等特质[3]，易导致孩子依赖型人格障碍和自恋型人格障碍的形成；严格的管教方式，易使子女形成诚实、礼貌、谨慎、负责的性格，但也可能表现出羞怯、敏感、对人屈从等特点[4]。一般认为，良好的人格特点和民主式的管教方式密切相关。

北京大学的钱铭怡、夏国华的《青少年人格与父母养育方式的相关研究》也显示，"父母的教养方式，对其子女人格特质的形成具有重要的影响作用，而父母不良的教养方式，则可能是其子女某些

---

① 黄悦勤：《养育方式与人格障碍》，载《中国妇女报》，1999 年 1 月 16 日。

② 张积家编著：《普通心理学》，广东高等教育出版社 2004 年版，第 623 页。

③ 韦有华编：《人格心理辅导》，上海教育出版社 2000 年版，第 14 页。

④ 韦有华编：《人格心理辅导》，上海教育出版社 2000 年版，第 14 页。

不良人格特质形成的重要影响因素。"①

（一）过分溺爱的管教方式

"父母给孩子过多的关注和过度的保护就是溺爱，溺爱剥夺了儿童的独立性，容易引起更强烈的自卑感，从而导致其成年后的人格问题。"②过分溺爱的管教方式很容易造成孩子依赖型人格障碍与自恋型人格障碍倾向的形成。

1.溺爱与依赖型人格障碍

有些父母总是过多地溺爱和保护孩子，保护孩子走路时别摔着，别被其他孩子欺负，企图让孩子回避生活中许多丑陋的现实。孩子长大后，没有应付各种生活问题的能力，其成年后的特点就是"绝对没有信心、犹豫不决、过度敏感、缺乏耐性、离不开别人的支持"③。有些学习成绩好的孩子在家

① 引自韦有华编：《人格心理辅导》，上海教育出版社 2000 年版，第 14 页。

② 陈少华编著：《新编人格心理学》，暨南大学出版社 2004 年版，第 66 页。

③ 陈少华编著：《新编人格心理学》，暨南大学出版社

中是父母的宠儿，父母对他们百般呵护，万般宠爱。只要是为了提高他们的学习成绩，父母对其有求必应，事事关心，事事包办，从不让他们做力所能及的家务。他们过着衣来伸手，饭来张口，百依百顺的生活。家长一切都给他们安排妥当，不给孩子思考、选择和自立的机会。这样极不利于孩子的健康成长，在这种环境下长大的孩子自理能力和耐挫能力必定会受到限制，以后脱离父母就不会独立生活或稍微遇到一点小挫折就会感到世界末日的来临。这样的教养方式很容易导致其子女依赖型人格障碍倾向的形成。

依赖型人格障碍（Dependent personality disorder）的特征是极度地依赖他人。他们虽然有较好的工作能力，但由于缺乏自信，自觉难以独立，不时地需要别人的帮助。他们不果断，也缺乏判断力，总是依赖别人为自己做出决策或指出方向[1]。

具有依赖型人格障碍的人在生活中缺少主见，

2004 年版，第 66 页。

[1] 陈仲庚、张雨新编著：《人格心理学》，辽宁人民出版社 1986 年版，第 422—423 页。

缺乏决策能力，遇到轻微应激即退却，寻求帮助，需要保护，很少主动思考"为什么"，成年以后依然不能自主，缺乏自立精神，总是依靠他人来做决定，终身不能担负起独立工作的责任[①]。

一些心理学家认为，具有依赖型人格障碍的病人，其父母会出于爱或独裁的目的而过分保护孩子。他们总是满足孩子的每一个需要，这实际上是在鼓励孩子的依赖行为，并且提高了孩子对父母分离的焦虑和不安全感。这样的孩子就难以获得必要的技巧或信心来做出决策、形成责任感和表达反对意见[②]。

2. 溺爱与自恋型人格障碍倾向

现代父母对待子女的态度溺爱者仍然十分突出。调查表明，父母尽量满足孩子要求的占27.45%，合理满足不合理拒绝的为65.68%。其实

---

① 郑雪主编：《人格心理学》，暨南大学出版社 2006 年版，第 387—397 页。

② 钱铭怡主编：《变态心理学》，北京大学出版社 2006 年版，第 368—369 页。

在这种态度中，多数家长仍然是只要经济条件允许还是尽量满足孩子的要求，有的家长在问卷中解释道："合理的尽量满足，不合理的拒绝，但也有例外的时候。"可见多数父母在感情上还是溺爱孩子的。在物质要求方面基本上是孩子要什么给什么，在教育方法上也是处处迁就。父母爱孩子是天性，但爱要适当，爱只是手段，目的是教育孩子[①]。

父母的溺爱易使子女在家庭中处于一个比较特殊的地位。学习成绩优秀生由于学习成绩好，更容易引起父母的疼爱与关注。不适当的过分溺爱只能使孩子的心理扭曲，渐渐养成唯我独尊，任性霸道，甚至肆无忌惮等不良习气。由于受到父母过分的照顾与偏爱，学优生还容易产生自我中心、依赖型和缺乏韧性等不良的人格特征，父母的过分宠爱与过高评价也易导致其子女自恋型人格障碍的形成。

自恋型人格障碍（Narcissistic personality disorder）

---

① 卢承业、祁晓蓉、江秀菊、张秀汝：《现代城市幼儿家长教子观初探》，载《青海师范大学学报（哲社版）》，1995 年第 4 期，第 37—40 页。

以极端自我中心为特点。他们过分地自我关心、自我中心和自夸自尊。常幻想自己了不起、有才学、有美貌。期待别人的欣赏，总希望有人特别对待自己，不能接受别人的建议和批评。以极端的眼光看人，不是说得很好，就是一无是处。很难理解别人的苦处和难处①。

这种人大多表现为自我重视、夸大、任性、缺乏同情心，对别人的评价过分敏感等等。他们一听到别人的赞美之辞，就沾沾自喜，反之，则会暴跳如雷，他们对别人的才智十分妒忌，有一种"我不好，也不让你好"的心理。在和别人相处时，他们很少能设身处地理解别人的情感和需要。由于缺乏同情心，所以人际关系很糟，容易产生孤独抑郁的心情，加之他们有不切实际的高目标，往往易在各方面遭受失败。"自恋型人格障碍的产生与家庭教育中父母的过分宠爱、过高评价有关。"②

---

① 陈仲庚、张雨新编著：《人格心理学》，辽宁人民出版社 1986 年版，第 421—422 页。

② 王玲主编：《变态心理学》，广东高等教育出版社 2002 年版，第 203 页。

通常，"独生子女较非独生子女易表现为自恋性人格障碍倾向。"[①] 现在的独生子女，从小在全家人的呵护中成长，有些人难免会形成自恋型人格，最关键的是，有些人形成自恋型人格而不自知。我们不妨做一做心理学上关于自恋型人格障碍的测试，这个测试是这样的：

①对批评的反应是愤怒、羞愧或感到耻辱（尽管不一定当即表露出来）；

②喜欢指使他人，要他人为自己服务；

③对自己的才能夸大其词，希望特别受人关注；

④坚信关注的问题是世上独有的，不能被别人了解；

⑤对无限的成功、权力、荣誉、美丽或理想、爱情有着不切实际的幻想；

⑥认为自己应享有他人没有的特权；

⑦渴望持久的关注与赞美；

⑧缺乏同情心；

---

①　李新：《一成半中学生有人格障碍倾向》，载《生活时报》，1998 年 11 月 30 日。

⑨有很强的嫉妒心。

以上的测试如果有 5 项符合你的症状，就可认为是自恋型人格障碍。

一些支持行为和认知模型的理论家认为，发展为自恋型人格障碍的人，是被过分积极的赞赏或溺爱所宠坏了的人，他们会因此而过高地估计自己的价值。还有的理论家进一步假定，当一个人总是被父母或团体认为是"与众不同"时，自恋的症状就会出现[①]。

（二）过分严厉的管教方式

在强制型家庭中，父母的管教方式十分严厉，无论是在生活上，还是在思想上、学习上，都采取盯、压、卡的教育方式[②]，极易导致强迫型人格障碍与偏执型人格障碍倾向。

---

① 钱铭怡主编：《变态心理学》，北京大学出版社 2006 年版，第 371 页。

② 范源清：《优秀生发展中存在的问题及对策》，载《中小学教师培训》2002 年第 8 期，第 57 页。

1. 严厉与强迫型人格障碍

学优生的家长比一般家长对子女的教育要严厉，期望值会更高。他们从小对子女管教严厉、苛刻，要求子女严格遵守规范，学习也不例外。孩子自然认真努力，绝不敢自行其是。在这种管教方式下成长的孩子，多数人学习成绩优秀，非常细心仔细；但另一方面也造成孩子做事过分认真、过分追求完美、拘谨和小心翼翼。比如，做作业时稍有一个字没写好就要重写，整页纸只要有一个地方看起来不顺眼或不舒服，就要撕掉重做；做作业或考试时检查一遍又一遍，明知是对的还是不放心。他们事事追求完美，严重影响办事效率。他们害怕失败，害怕做错事而遭到父母的惩罚，做任何事都思虑甚多，优柔寡断，久而久之，易形成经常性紧张、焦虑的情绪反应，逐步形成强迫型人格障碍。

以下举一个典型的例子。10岁的小凡是个聪明、文静的女孩。父母对她的期望很高，平时要求也很严格。她对自己的要求也很严格，做什么事都非常认真、仔细，而且生活、学习特别有规律。周围的人都称赞小凡懂事、乖巧。可是小凡有个毛病，就是每天功课做得很晚，既不是功课多，也不是不会做，而是小凡每天在做功课之前必须花大量的时间一遍又一遍复习课堂上所学的知识，推导已知的运算公式，生怕自己对知识的理解有偏差。做完功课后，又必须反复检查，生怕作业有疏漏。而考试时，小凡更是小心谨慎，做第二题时担心第一题有差错，做第三题时又担心第二题有遗漏，结果是反反复复地进行检查，最后每次考试都是因时间不够而告终，严重影响了小凡的学习成绩。有时她也知道这种担心有些多余，这种反复的行为也没有必要，但就是控制不住。小凡的这种现象在临床上被称为强迫性神经症[①]。

强迫性神经症是一种常见的心理障碍性疾病。患有这种疾病的孩子往往具有一个共同的人格特点，就是过分追求完善。表现为对自己的要求特别高，做事不仅需要反复思索、反复检查、反复核对，唯恐疏漏，而且常常还有一定的程序，漏了哪

---

① 伍志臻：《警惕孩子的强迫性神经症》，载《为了孩子》2000年第2期，第31页。

一道心里都会感到焦虑不安。同时这些孩子十分注意自己的举止，行为循规蹈矩，他们的这种过分"兢兢业业"的态度，有时会被误认为"认真、仔细"而备受周围人的称赞。其实，这是一种不健康的个性和行为，如果不及时发现和纠正，这种个性和行为很容易在孩子以后的成长过程中被不断重复、强化而得以巩固，形成强迫性神经症[①]。英国著名生命科学家弗朗西斯·克里克（Ingram）在1966 年报道成人强迫性神经症患者 25% 在童年有强迫症状[②]。

强迫型人格障碍（Compulsive personality disorder）是一种以情绪限制、秩序性、坚持执拗、犹豫不决、完美为特征的人格障碍。CCMD-II（1989 年）规定诊断强迫型人格障碍需符合下述中的 3 项：①做任何事情都要求完美无缺，按部就班，因而常影响工作的完成。②不合理地坚持别人也需严格按照

---

① 伍志臻：《警惕孩子的强迫性神经症》，载《为了孩子》2000 年第 2 期，第 31 页。

② 翟书涛、杨德森主编：《人格形成与人格障碍》，湖南科学技术出版社 1998 年版，第 328 页。

他的方式做事，否则心里很不痛快，对别人做事很不放心。③犹豫不决，常推迟或避免做出决定。④常有不安全感，穷思竭虑，反复考虑计划是否得当，反复核对检查，唯恐疏忽和差错。⑤拘泥细节，甚至生活小节也要"程序化"，不遵照一定的规矩就感到不安或要重做。⑥完成一件工作之后常缺乏愉快和满足的体验，相反却容易悔恨和内疚。⑦对自己要求严格，过分沉溺于职责义务与道德规范，无业余爱好，拘谨吝啬，缺乏友谊往来[1]。

在强迫型人格障碍的形成原因中，家庭的影响是明显的。一般，强迫性人格障碍的形成是在幼年时期，与家庭教育和生活经历密切相关。通常这些孩子在童年阶段父母对其管教得特别严厉和苛刻，处处要求循规蹈矩，所以孩子做事都非常小心谨慎，思前想后，生怕做错什么事情而受到父母的处罚，因此养成了优柔寡断和过分焦虑的习惯[2]。

---

[1] 翟书涛、杨德森主编：《人格形成与人格障碍》，湖南科学技术出版社1998年版，第325页。

[2] 伍志臻：《警惕孩子的强迫性神经症》，载《为了孩子》2000年第2期，第31页。

"强迫性父母"必然用僵硬的教养方法，限制孩子的自主性，从而使孩子形成矛盾、固执、害羞等性格[①]。心理学家临床的大量研究发现，有强迫性性格的父母，子女患强迫性人格障碍的比例比正常人的患病率明显增高，其中一方面可能是遗传的关系，另一方面是这种家庭的生活习惯潜移默化地起了非常重要的作用[②]。

心理分析理论对这种人格障碍主要有两种解释。一种解释认为，由于父母过分严格的管教，对于儿童的自主行为加以惩罚，抑制了儿童作为独立个体的发展历程，结果使儿童极力地去迎合他人，特别是已经内化了的父母的要求，这种对严格标准的坚持，成为个人生活的主题。另一种解释认为，儿童在其为挣脱父母控制而获得独立的斗争中，会形成攻击性的行为方式。为了防御这种冲动的威胁，儿童会对其加以否认和内化，从而在行为上表

---

① 翟书涛、杨德森主编：《人格形成与人格障碍》，湖南科学技术出版社 1998 年版，第 327 页。

② 伍志臻：《警惕孩子的强迫性神经症》，载《为了孩子》2000 年第 2 期，第 31 页。

现为过于严格地控制自己的行为，并逐渐成为一贯甚至终身的行为模式[①]。

2. 严厉与偏执型人格障碍

当代中小学生大多是独生子女，父母更是望子成龙、望女成凤心切，因此，在教育方面也就要求更严。孩子们在校的优异表现反倒更令他们变本加厉，对其提出更高的要求，不断给其增加学习量和学习内容，一旦达不到其规定的目标就横加指责，使孩子处于极度紧张和焦虑的学习状态，并逐渐失去对父母的信任。有些家长给孩子的名次压力，家长对孩子凡事都要做到最优秀的要求会造成孩子狭隘的忌妒心的形成，会导致孩子做出偏激的行为。有些家长很爱面子，喜欢在别人面前炫耀自己的孩子，将自己的孩子与别人的相比较，一旦孩子在学校考试有些失误，家长就会觉得脸上无光，训斥与责骂孩子，而不去从心理上给予鼓励与帮助。这给本身就十分好强的学习成绩优秀生们增加了超负荷

---

① 钱铭怡主编：《变态心理学》，北京大学出版社 2006 年版，第 371 页。

的心理负担，他们逐步变得学习目的不明确，进步动机不纯，喜欢推脱责任，抑或变得敏感、多疑、爱嫉妒、不相信人。所有这些过分的冀望带给孩子们的压力与压抑都容易导致他们偏执行为的发生，逐渐形成偏执型人格障碍。

偏执型人格障碍（Paranoid personality disorder）的主要特点是：极度的感觉过敏，对侮辱和伤害耿耿于怀；思想行为固执死板，敏感多疑、心胸狭窄、爱妒忌，对别人获得成就或荣誉感到紧张不安；自以为是，自命不凡，对自己的能力估计过高，惯于把失败和责任归咎于他人，在工作和学习上往往言过其实；同时又很自卑，总是过多过高地要求别人，但从来不信任别人，认为别人存心不良；不能正确、客观地分析形势，有问题从个人感情出发，主观片面性大。如果建立家庭，常怀疑自己的配偶不忠等等，这种性格的人在家不能和睦，在外不能与朋友、同事相处融洽，别人只好对他敬而远之①。

_____

① 王玲主编：《变态心理学》，广东高等教育出版社 2002年版，第 194 页。

二、应试教育与人格缺陷

应试教育在理论上是一个中性概念，它只是表达了一种事实判断，只是揭示了考试与应试之间的客观必然性，即"试"与"应"之间的必然联系。在我国教育的现实中，应试教育实际上是一个贬义性的概念，具有特定的内涵和价值取向。在现实的教育中，应试教育指的是一种考试主义或考试中心的教育，在这种教育中，考试和应试成了最终目的，一切为考而教，一切为考而学，考试和应试成了教育活动和人的发展的异己力量，教育者和受教育者都成了考试和应试的奴隶[①]。

学校是人工生态环境。[②]学校教育在学生的人格形成中起着十分重要的作用。一般认为，5—11岁是人格的形成期，12—17岁是人格的定型期。这一时期正好是学生在校学习的时期，所以，学校担

---

① 扈中平著：《教育目的论》，湖北教育出版社 2004 年版，第 261—262 页。

② 许惠英著：《人格教育论——青少年的人格培养》，北京学苑出版社 2000 年版，第 83 页。

负着重要的人格培养任务[①]。学校本是有目的有计划地对学生进行教育的地方，不但教授知识和技能，而且促进其人格的健康成长。[②]然而，在应试教育体制下的考试制度和社会舆论使人们重智育轻德育，使人们常以升学率衡量学校办学质量的高低，以考试成绩来决定学生是否能上重点中学或大学，一味追求高分数，从而导致了学校教师、学生及家长的分数中心主义，以致忽略了对孩子的人格培养的教育，这其中学校以及我们的教育体制有着不可推卸的责任。在这种应试教育体制下所带来的分数主义、教育评价的单一性以及学校教师对学优生所产生的偏爱心理无不在学生的人格成长中打下深深的烙印。

（一）分数主义与人格缺陷

虽然新课标已实行几年，而且强烈呼吁注重素

---

① 张积家编著：《普通心理学》，广东高等教育出版社2004年版，第627页。

② 韦有华编：《人格心理辅导》，上海教育出版社2000年版，第15页。

质教育，但在应试教育体制下、在高考的指挥棒下仍然难逃分数主义的控制，学校、教师、学生及家长仍然关注的是分数，名次和分数成为评价学生的唯一标准。等级制度也已实行很多年，但在等级制下仍然掩藏着可以擦掉的分数。

1. 分数主义与强迫型人格障碍

在分数主义的不良导向的指引下，学校的办学理念、教师的教学观念和学生的认知模式发生了偏差，学优生自然成为学校和教师倍加关爱的对象，也成为学校声誉与教师晋升的希望所在。而对这一特殊群体来说，一方面，他们得到学校过多的关照，背负着学校的希望；另一方面，他们要在同龄学生中赢得爱、尊重和获得某种地位，也往往需要用其成绩来证明。因此，他们平时十分努力，学习仔细认真，努力保持自己的好成绩，决不让成绩往下降。每当看见别人玩耍时他们虽然自己心里也很想去玩，但还是强迫自己静下心来去学习，他们十分看重分数，也十分注重平时的作业和考试，总是谨慎小心，认真核对，检查一遍又一遍，生怕自己粗心做错题而扣分。虽然这样的学生会具有坚强的毅力和强烈的自我控制能力，做事也很认真负责，但另一方面，他们也极易形成强迫型人格障碍。

2. 分数主义与焦虑（回避）型人格障碍

有些学优生由于过分看重名次与分数，对考试成绩极其紧张与敏感，还会产生一种焦虑心理。他们害怕自己的成绩往下降，害怕失去老师的赞赏与同学的关注，害怕失去原有的名次与荣誉，久而久之，极易导致抑郁心理或焦虑（回避）型人格障碍。此种人多数性格内向，不善言谈。他们在生活中会表现为回避，退缩，过分敏感，易于焦虑，对自我价值缺乏信心等，这也是回避型人格障碍者的特点，有些甚至承受不了压力而自杀身亡。

下面是个纯粹以分数论好坏的典型例子，也是我们社会的一个缩影。

《南方都市报》2006年9月2日、3日、4日相继报道这样的消息：9月1日珠海市金湾区平沙一中新学期开学第一天，一名初三女生中午放学后，在自家床上自缢，被家人发现时已死亡。据了解，女生年仅 15 岁，曾经成绩优异。

在给教师的遗书中，她写道："如果这次考试考不好，就去死。果然，不出我所料，今次考试考得不好。"金湾区成立的调查组称之前该女生曾多次自杀未遂。

据了解得知，开学后需要重新按学号排座位，而学号跟上学期的成绩是挂钩的，成绩好的同学，学号就靠前。排座位时，学号靠前的同学，可首先挑座位。剩下一些位置不好的座位，由学号靠后的同学挑选。这位女孩的学号排在 40 位，就是说，她只能在 39 位同学挑完的座位中，选择自己的座位。

表面看来，这次悲剧由这位女孩的心理承受力差所导致。然而，仔细思考，却不难看出，这场悲剧要归因于我们的分数主义。从这个惨剧的背后，我们读到了教育的生存危机。在过分强调分数的思想的影响下，人们特别是未成年的学生似乎走进了一个死胡同，似乎成绩不好，便一切希望渺茫，连人生的乐趣也没有了。这种思想对于原本成绩好的学生来说，他们所承受的内心压力与焦虑心理要比一般同学更为严重，因为他们以前拥有高分数，便也拥有掌声和荣誉，一旦跌下，便感觉失去了一切，就像跌进万丈深渊，他们无法接受事实，结果导致各种心理问题的产生或以自我了结的方式结束生命。

这不由使笔者想起一个远在加拿大的朋友，十年前，他女儿和笔者的儿子一样大，都读小学五年级。笔者问他小孩的学习情况如何，他说按国内的考核标准他不知道如何，各学校之间没有统一的教材，教学科目通常会包含数学、英语、阅读（自己选择书籍，读后写故事简介等）、艺术（跳舞、画画、唱歌和演舞台剧）、科学（含历史、地理、科技发展史、手工、社会活动如参观科学馆、动物园和郊游等）和体育，孩子非常享受在学校的时光。小孩上课的内容老师觉得有必要就复印给他们，上课时老师单向灌输的时间少，师生问答、学生提问和讨论的时间多，回家玩的时间多，布置的家庭作业是活动、手工和阅读为主，一般都是需要小组合作或和家长配合才能完成的活动，主要培养合作精神。家长通常无需太着眼孩子在学校的日常情况，每次期末的成绩都不公布，全部用信封封好，由学生本人带回家交给家长参阅与签名，然后在学年结束前会有专门的时间与家长就该学年的学生在校情况进行单独面谈。学生期终报告的内容属于个人隐私，受法律保护。没有人去过问，也不知道别人成绩如何，所以没有人认为自己是差生，个个都很开心，个个都很自信。笔者问他怎样知道自己孩子的进展如何？他说可以以孩子上个学期期终报告上的等级评语做对比，等级高了就进步了，等级下降了就退步了，每一个分数等级都有相应的评语，详细说明了定位于该等级的原因，通常包含具体课堂活动的参与程度，小组活动中的角色和所起的作用，解决问题的能力以及有待提高的环节等。评分的标准不是单一以某几次作业或测验的答案来定论，老师还会参考不同时期的趋势。

　　且不说这种教育体制的优劣，单看它的评价机制就充满人性化，它所关注的不是考试的分数，而是营造一种乐观向上、尊重、友善、宽容的心理健康教育环境，尽量让孩子们健康、自信、快乐地成长，在这种教育评价体制下成长的儿童不会出现自卑或自负的情形，在他们的心中大家都是平等的，不会以自我为中心，能够尊重别人，不易出现人格缺陷问题，他们把人文教育摆在第一位，而把科学教育摆在第二位，这实际上是符合人的发展规律的。人性的培养是第一位，否则，科学教育再怎么先进，但掌握先进科学知识的人不能把科学理念融入社会，相反做出犯罪行为，其浪费的资源与对国家造成的损失以及带给社会的破坏性会更大。

我们的应试教育较少关注孩子人性发展这一点，通常只是在问题出现后再去补救已经为时太晚。相比之下，加拿大的儿童幸福多了，他们的身心是在享受教育的过程中健康成长。而我们的儿童却是在分数主义的影响下心灵扭曲，整天为分数而苦恼，天生的一点自信也因为分数的低下而被抛弃得一干二净。

教育应该是能够让孩子们热爱生活，热爱生命，能够享受生活与学习中的种种快乐。可是我们如今的应试教育却在更多地打击孩子生存的乐趣，在摧残人的自信与生命，在时刻消耗着孩子的生机和活力，在压抑生命的健康成长。

西方存在主义鄙视机械文明下的那种扼杀个性的模式化和工厂化的教育。奈勒指出："我越是考虑到今日公共教育的混乱情况，我就越发深信存在主义者揭示了改革教育的道路。我们的儿童像羊群一样被赶进教育工厂，在那里无视他们独特的个性，而把他们按照一个模样加工和塑造。我们的教师们被迫，或自认为是被迫去按照别人给他们规定好的路线去教学。这种教育制度既使学生异化，也使教师异化了。现在到了要改善的时候了。"[①] 奈勒所指责的不正是我们现在的教育状况吗？反思我们的教育，似乎还只停留在西方大机械生产时代，我们难道不感到悲哀？

3. 分数主义与偏执型人格障碍

在访谈中，有位教师曾回忆说，记得她上高三的时候，曾经在一个重点班学习了两个月，就受不了那种非人的心理折磨，申请调班。每次考试，教师都会把成绩排名次，在班上公布，赞扬谁谁进步

---

① 转引自扈中平著：《教育目的论》，湖北教育出版社 2004 年版，第 117 页。

了，谁谁退步了，真是奖罚分明。最令人受不了的
是：他们每次考试后，根据总分安排座位，让别人
对你在班里的排名一目了然。高分者有一种危机
感，低分者更加无地自容了。所以搞得人心惶惶，
心惊胆战。他们一考完试就互相对答案。收到批改
后的考试卷子第一时间看分数，然后就是看看周围
同学考多少分了。他们关心的不是哪道题目做错
了，而是大家互相猜忌，互相妒忌，都怕自己被别
人压下去，同学之间关系十分紧张，都希望别人考
差，自己考好。教师也明显地偏爱着高分数的
同学。

　　长期在这种紧张而压抑的氛围的影响下，有些
学优生易变得敏感、多疑、妒忌、自私、自卑、自
傲，极易导致偏执型人格障碍的形成。

　　学习成绩优秀生如果为了取得好成绩而人格扭
曲，如自闭、妒忌、自大、自卑等，从而导致人格
缺陷的形成，很大程度上在于我们教师和家长，或
者是我们现阶段的以知识、分数为核心的教育所造
成的。

（二）教育评价的单一性与人格缺陷

学校的教师往往很单纯地用语文、数学、英语成绩给孩子们排名，以便知道每一个学生在班里所占的名次。这是泰勒的目标取向评价的具体体现，也是传统应试教育下普遍实行的模式。目标取向的评价追求评价的客观性和科学化，它以"自然科学模式"为其理论基础，因而这种评价取向的基本方法就是"量化研究"方法。这种评价取向的缺陷在于忽略了人的行为的主体性、创造性和不可预测性，忽略了过程本身的价值，过于强调认知评价，对学生的综合评价显然不够，对于人的高级心理过程而言作用也非常有限。另外，教师的评价对学生起到导向作用。教师眼中的好学生通常是学习成绩比较好的并且听话的孩子。在教学过程中教师也会有意地去偏爱这样的学生，学生显然会朝着这个方向发展，片面地去追求成绩，争取成为教师眼中的"好学生"，而忽视了兴趣、爱好、发展个性等方面的培养。

这种仅将考试成绩的好坏作为教育评价的唯一

标准，易使某些学优生不能正确评价自己，认为自己成绩好就什么都好，自以为是，自命不凡，过高地估计自己；同时看见别人的成绩超过自己又很自卑；不能正确、客观地分析形势，有问题易从个人感情出发，不易相信别人，主观片面性大。这样的思想易导致偏执行为的出现，逐步形成偏执型人格障碍[①]。偏执型人格障碍形成的一种原因就是由于在其成长的早期，受到父母或其他人的影响，认为自己是与众不同的[②]。

学优生虽然"成绩好考分高"，但在思想和心理上都有这样或那样的毛病。在人们追求"升学率"，把分数作为评价学生优劣的唯一标准的教育状况下，无论家长或学校都忽略了对他们的品德教育，认为他们成绩好，不会惹是生非，或只要成绩好，其他可以忽略不计，在家就是好孩子，在校就是"三好生"，这些促成了某些学优生任性、懒散、

---

① 王玲主编：《变态心理学》，广东高等教育出版社 2002 年版，第 194 页。

② 钱铭怡主编：《变态心理学》，北京大学出版社 2006 年版，第 361 页。

自私自利等恶习的形成，使得他们变得自我中心、自夸自尊、自以为是，喜欢别人的夸奖，却不愿接受别人的建议和批评，逐步形成自恋型人格障碍①。

在很早很多人就意识到或者更确切地说很多从事教育的人就认识到成绩优秀生存在着更大的隐患，因为他们的缺点被他们的成绩给覆盖了，这种疏忽容易助长成绩好的学生的各种缺点。有些学习成绩优秀学生成为问题学生，变得好胜心特强，容不得别人超越；或者性格孤僻，不善于交流；或者有较强的嫉妒心理。他们会变成这样，有一部分原因，该归咎于我们是怎么教学生的，我们是以什么标准去评价一个学生的。

（三）教师的偏爱与人格缺陷

虽然教育学理论总强调教师应该对所有学生一视同仁，但只要上过学的人都知道，天底下的教师都喜欢学习成绩优秀生。这其实也没什么奇怪，任

---

① 陈仲庚、张雨新编著：《人格心理学》，辽宁人民出版社 1986 年版，第 421—422 页。

何领域、任何行业都会偏爱尖子。学生的主要任务是学习，一个学生，成绩优异了，也就优秀了。教师的主要任务是教书，把知识教好了，也就可以了。我们未必会承认我们在这样要求自己和学生，但没多少教师真正能跳出这个"育人模式"。

对一个学习成绩较差的学生，我们教师容易做到严格要求；而对一个成绩优异的学生，我们很难再苛求其各方面的完美，甚至乐于忽略他们在某些方面的不足，有时还会"善意"地将其缺点进行美化：丢三落四是学习太忙，偶有迟到是前天晚上"开夜车"，不爱劳动是胸怀大志……殊不知，正是我们的这些"善意"，误导了学生，误导了自己，更玷污了教育！

教师对学优生的偏爱妨碍了对他们进行客观理智地认识和教育。教师对学优生的偏爱几乎是无不例外。但这种"爱"，往往妨碍教师客观理智地认识学优生存在的问题，从而忽略了对他们道德上、心理上的关注和教育。学优生只是智力水平或某些方面的能力"相对"优于同龄人而已，他们的教育问题同样存在。实际上，学优生的心理问题相对更多、更复杂、更隐蔽，对他们的教育就更显艰巨。那种认为对学优生让他们顺其自然就能成材的观念是极为有害的。有些教师、学校领导，特别是班主任对学优生的管理教育不严，主要存在两点倾向：一是思想上偏信偏爱。个别班主任不是积极地维护优秀生的威信，对他们的表扬、批评缺乏辩证法。有了缺点怕公开批评会影响他们的威信，往往采取大事化小、小事化了的态度。即使批评，也是轻描淡写地说几句，不触及思想实质。另外，有的班主任对反映优秀生的问题往往听不进，以为是对他们的嫉妒，吹毛求疵。二是管理上忽视、放松。有的班主任对如何做好后进生的转化工作分析研究很多，而对如何搞好优秀生的管理教育重视不够，往往是督促学习、交代工作多，思想上提要求少，总以为他们的觉悟高，表现好，能自己管理自己。放松教育管理，还表现在对他们的思想变化重视不够，不能及时教育引导。

学校人才的偏颇，教师的偏爱，致使有些学优生不能正确评价自己，以为自己成绩好些，就显得比别人高一筹，就认为自己什么都不错，就看不起其他同学，变得目空一切，盲目自傲，妄自尊大，唯我独尊，自以为是，爱慕虚荣，只能听好话，不能忍受批评，极易导致自恋型人格障碍的形成。

由于人格形成过程中影响的因素非常复杂，学习成绩优秀生受影响的程度也各不一致，故优秀生们所表现的人格缺陷也不尽相同。但从以上分析，我们仍可得到较一致的观点，即成绩优秀生们不同程度地存在某种人格缺陷。

第四章

中小学学习成绩优秀生人格缺陷的预防对策

一般认为，人格障碍是很难治疗的。因为它们形成于个体的早期，根深蒂固，往往不被来访者看作是有问题或目标是不断变化的，预后被认为是很差的[①]。而且他们的治疗要借助专业的心理治疗师，已远远超出我们教育者的能力范围，所以在此对人格障碍的治疗方法不加以讨论。但儿童和青少年时期处于人格发展的雏形期、构成期、发展期和塑造期，这一阶段以后的人格很难有较大的改变，因此，这一时期人格的顺利发展对于一生的心理健康起到奠基的作用[②]。中小学生无论在生理上还是心理上都尚未成熟，可塑性较大，所以，家长和教师应首先提高自身素质，努力塑造学优生良好的心理素质，改变教育观念，客观地评价学优生，为学优生创造良好的成长环境，及时预防人格障碍的形成

---

① 博克安、琼斯玛著，张宁等译：《人格障碍治疗指导计划》，中国轻工业出版社 2005 年版，第 1 页。

② 韦有华编：《人格心理辅导》，上海教育出版社 2000 年版，第 33 页。

远比治疗更重要。

一、纠正育人者的教育理念，提高育人者的个人素养

教育者的教育理念与个人素养对学生人格的影响十分重要。教育者的素养包括教育者的人生态度、价值观念、教学水平等[①]。俗话说："打铁还需自身硬。"中小学教师不仅要具备精湛的业务素质，还应不断学习和积累心理学知识，加强自身思想道德修养，提高自己的心理健康水平。教师只有具备了较高的心理素质，才能培养出高心理素质、富有创造力的学生。现代社会给人能力的提高创造了很多的机会，青少年学生接受新事物比较快，其能力结构日趋多样化。这给我们的教育者带来了挑战，也带来了机遇。中小学教育工作者必须由传统的教育者转变为多能甚至全能工作者，特别是要懂得网络技术的运用、各种活动的组织技巧等。

---

① 许惠英著：《人格教育论——青少年的人格培养》，北京学苑出版社 2000 年版，第 83 页。

首先，教师和学校要在思想认识上正确理解"优秀生"的概念，不能仅把"学习好"作为评价学生的唯一标准。只有这样，我们才不会把德育工作面狭窄化，才不会放松"成绩优秀"生的德育工作。教师在日常的教育教学工作中，要发挥评价的激励作用，引导学生在思想品德、道德观念、社会责任感、心理素质等方面得以优化，使学生的智力和道德共同提高。

其次，教师和学校更要明确，学校教育的工作目标绝不仅仅是培养几个学习成绩优秀的优生，而是要挖掘和发展每一位学生的潜能，让每一位学生都"学会求知、学会做事、学会共处、学会做人"。"一切为了孩子，为了一切孩子，为了孩子的一切"，应成为每一个教育工作者必须首先确立的基本信念。

再次，在具体工作中把握几个关键环节。一是考查关。在树立优秀学生榜样时，要注意全面了解，做到心中有数。可以采取座谈、谈心等方法，掌握第一手材料，不能把一些道听途说作为依据，更不能凭一时一事的印象一锤定音。在弄清情况的基础上，树立过得硬的优秀学生榜样。二是宣扬关。这个关把得好不好，直接关系到优秀生的质量。所以在宣扬他们的事迹时，要实事求是，注意分寸，不夸大，不掺假，不任意拔高。三是荣誉关。对待荣誉，绝大多数优秀学生是能够正确对待的。但也有部分优秀学生，当荣誉、赞扬的话接踵而来时，就感到头晕目眩，由此沾沾自喜，飘飘然起来，使荣誉成了这些学生沉重的包袱。所以必须做好表彰以后的思想工作。要针对他们对荣誉的不同思想反映，积极帮助和引导他们树立正确的荣誉观，鼓励他们把荣誉作为学习进步的新起点，不断进取。

二、淡化学优生的优越感，提高学生的心理素质

人格的健康发展是儿童和青少年顺利学习和生活的前提和保证，也是他们以后适应工作和社会环境的保证[1]。因此，作为从事教育工作的教师，应

---

① 韦有华编：《人格心理辅导》，上海教育出版社 2000 年

该努力为每一个孩子创造良好的成长环境，让他们的人格健康成长。

（一）淡化学习成绩优秀生的优越感

学校教师，要对所有学生一视同仁，不要把分数看得太重，不能简单地以学习成绩的好坏来评判一个学生；而应根据实事求是和以人为本的原则，从孩子的实际出发进行教育和培养，从而弱化学习成绩优秀生的优越感。比如：学校可以开展丰富多彩的校园活动，教师应多督促学习成绩优秀生积极参加各种集体活动，让他们通过与同学平等相处来感受他人的优点和长处，认识到自己并不是处处都比别人强，主动自觉地修正与完善自己的人格、道德。事实上，每一个学生，哪怕是学习成绩很差或者各方面很不起眼的学生，都有值得学优生学习的长处或者优点。在活动中，学优生也能感受到为同学服务的幸福，并能在人际交往中调适自己的心态，培养健康豁达的胸怀，学会在成绩和荣誉面前淡然处之与相互谦让。教师还应优化班集体氛围，有效控制学习环境，鼓励学习成绩优秀生向全班学生交流学习经验与方法，与学习困难生"结对子"、交朋友，加强同学之间的团结合作和集体归属感，营造一个健康向上、和谐愉快的班级氛围，使他们在与同学之间的互帮互助中感受到信任与尊重，体会助人为乐的幸福，从而减少学习成绩优秀生的优越感。

（二）使学优生掌握自我评价的正确方法

学优生需要树立正确的世界观、人生观、价值观，正确看待学习成绩和人生成长。对学习成绩优秀生要严中有爱，寓爱于严。要经常提醒学习成绩优秀生注意自省，给他们树立榜样，做到志存高远。要让他们认识到，成绩比别人好，就意味着比别人多一份责任，而不是多一份傲视他人的资本。

（三）培养学优生的自我超越意识和抗挫折能力

对学习成绩优秀生加强挫折教育也是十分必要的。世界各国，尤其是一些发达国家，非常重视对孩子进行挫折教育，而我国在这方面却做得远远不够。实际上我国的孩子，尤其是学习比较好的孩子，心理承受能力普遍脆弱。在近几年学生自杀的案例中，学习成绩优秀生也不乏其人。

对学习成绩优秀生进行挫折教育，一方面要训练学优生的受挫心理，使长期处于金字塔顶端的好学生也适当地品尝一下失败和被冷落的滋味，培养他们积极面对失败和从失败中奋起的勇气和能力。另一方面，要多给学习成绩优秀生提供受挫折的机会，让他们学会以积极乐观的态度坦然面对人生道路上的挫折和失败，提高其抗挫折能力。要多给学习成绩优秀生创设一些品尝失败的机会——不是有意让他们不断失败，而是寻找契机或引导他们尽可能多地在不同领域不同方面摸索、尝试，在此过程中，必然会有失败，而当他们对此习以为常时，就学会了坦然面对人生道路上的挫折、打击，从而更勇敢、坚强。

例如，在我曾任教过的一届六年级学生中，有位女生学习成绩十分优秀，性格也很外向，管理能力亦很强，从三年级到六年级一直都是班长。据同学反映，她人很骄气、跋扈，经常骂同学，甚至对班主任也不太尊重，班主任在班上布置任务，她带头顶撞。有次被我撞见，当时我并没马上制止或教育她，因为我知道，对于这种一贯骄傲自负的学生，他们是极其自尊与好面子，如果我当众批评她，不但起不到教育作用，反而会让她对我产生强烈的逆反和憎恨，不但听不进去甚至会起到反作用，从而不利于很好地帮助她改正缺点、完善自我，不利于她的健康成长。

于是，我决定采用"冷落—温暖"交替的办法对她进行挫折教育。我开始寻找教育的契机，有次下课后，我在课室里给几个中下生面批作业，并故意点名请她帮忙去办公室将同学们的作业本拿给我。如果是其他学生，早就会乐滋滋地跑去教师办公室帮我拿作业去了，可她却嘟哝着嘴一幅很不高兴的样子，很不想去拿。我马上很客气地对她说："你不大乐意，那就不用麻烦你了。"旁边一位男同学听到，即刻抢着去拿。我什么也没说，但此后我没安排过她做任何事情，其他班务工作我也没请她做过，即使她是班长。她似乎有所醒悟，因为成绩好的学生里除了她空闲外，其他同学都在忙着呢，每天都很自豪地做他们的小老师，帮助同学背单词和课文。每当我分配工作时，她都会看着我，眼巴巴地希望我能叫到她的名字，我都装着没看见。一个星期后，我在班上表扬了一些学习成绩好也很乐于助人的学生，她听到后不好意思地低下了头。后来，我再安排好同学帮助差点的同学时，她居然主动地抢着说她来帮。见此情景，我觉得教育契机来了。下课后，我主动找她单独谈心，先是肯定了她乐于助人的表现，然后指出她的缺点与不足。毕竟是小孩子，她早已按捺不住，眼泪汪汪，主动向我道歉，也知道自己错在哪里。我便温和地安慰她道："你能认识到自己的不足并能改正，我为你高兴，说明你进步了。如果一个孩子因为学习成绩好而骄傲，瞧不起同学和老师，不愿意帮助别人，不能和同学友好相处，那样就不会有朋友，对你以后的成长也不利。我们学知识的同时首先要学会做人，学会尊重别人，学会与人相处，学会帮助别人，毕竟我们生活在社会这个大家庭里，每个人都会遇到需要别人帮助和支持的时候，你是个聪明人，相信你能知道怎样做，对吧?"她点点头。

此后，我观察到她已没有以前的那种骄气和霸道了，对老师和同学也尊重了很多，热情了很多，同学关系也有了改善，还主动利用下课时间帮助她旁边一位成绩很差的男生。

在这里，我主要根据这个学生的个性特点，首先寻找设置受挫的机会，其次运用"冷落"的办法，让这个骄傲的学生内心感到挫折，然后通过对外观察与对内自省找到自己的不足，老师一旁加以及时的疏通与引导，最后去正确面对与改正自己的缺点，真正达到自我教育的目的。

这里要提醒注意的是：挫折教育的设置和方法，要根据学生的年龄特征和个性特点，不能对谁都一样。而且在实施的过程中，教师一定要特别留心观察和注意对方的反应，及时调整自己的教育对策。上述案例使用的方法如果是针对一个性格内向或抑郁质的学生就千万不能使用，使用不当可能导致抑郁症的产生，甚至可能导致不堪设想的后果。

（四）做学生信赖的朋友，加强对学优生的疏导和教育

学优生表面看上去坚强，但内心更加敏感、脆弱，教师不能因为他们成绩优秀就相信他们一切可以自立，而忽视对这些学生进行内心观察与疏导教育。

教师要养成与学生平等对话的习惯，师生之间经常进行心灵与心灵的沟通与交流。教师跟学生不要老是谈学习，也要谈生活、谈家庭、谈烦恼、谈委屈，要以心换心，将心比心，做学生值得信赖的朋友，这样才能及时解开学生的心结。教师不但要关心他们的学习，而且要关注他们的思想品德表现、心理素质情况乃至生存、生活状况，给予及时的疏导和教育；不但要加强他们的校内管理，而且要关注他们在家庭中的处境和表现，及时解决问题。不要只重视后进生而忽略了学优生，教师应一视同仁。

三、加强对学生的人格教育和心理疏导

人格教育是学校教育的重要组成部分[①]。因此，中小学教师要充分利用人格辅导课程和心理咨询这两种方式，对学生实施人格教育和心理疏导，努力塑造学生的良好人格。

（一）人格辅导课程

广州市各小学从一年级开始已开设心理健康这门课程，部分学校将《人格教育》作为心理健康课的教材，规定一个学期不能少于10节。学校可以尝试将人格教育渗透到学科教学、班会、级会、健康教育、思想品德课和大队活动中，把人格教育与常规教育教学有机结合起来，培养学生良好的人格品质。可见他们已经意识到人格教育从小抓起的重要性。学校教师应引起重视，努力全面掌握人格教育的知识和教育方法，抓住一切教育契机，对学生进行人格教育。

---

① 韦有华编：《人格心理辅导》，上海教育出版社2000年版，第41页。

人格辅导课一般都由具有教育与心理学专业知识与技能的教师来承担[①]。其主要目的是发展学生良好的人格品质，调整学生的不良人格心理。形式上以学生活动为主，教师引导为辅；内容上充分考虑学生人格发展的实际需要；课程组织者一般以教学班为单位，有计划、有组织、有系统地进行。此种课程能对学生的认识、情感、态度与行为等方面施加积极的影响，调节学生的心理状态、培养学生良好的人格品质。

例如，对初中一年级学生的入学教育，在很大程度上包含人格教育的内容。学生从小学步入中学是人生道路上的一个飞跃，在人格形成和塑造方面，中小学校起着重要的作用。因此，有经验的校领导或德育主任，应当抓住这个关键时期，对学生适时地进行人格教育和辅导，引导学生明确人生目标，树立远大理想，学会与人交往，正确面对中学阶段遇到的学习、生活中的困难，学好科学文化知识，增强求知技能，为实现远大理想奠定坚实

---

① 郑雪主编：《人格心理学》，暨南大学出版社 2006 年版，第 449 页。

基础。

又如，对各学段毕业年级学生适时进行理想教育，也是人格教育的重要手段。这个时期的学生，情绪不稳定，但崇尚未来、追求较高的目标是其共性。老师应当根据学生年龄特点和当地社会教育，正确指导学生明确各自的奋斗目标，有效地朝着目标奋进。这对学生形成健全的人格有着重要的意义。

（二）心理咨询

现在，不少学校都建立了心理咨询室和"知心姐姐"等，为学生搭建了咨询场所，能够及时为有需要的学生排解心中的郁闷。班主任可以利用班会课开展相关问题的研讨，形成良好的舆论导向，开解学生的胸怀。

心理咨询包括个别咨询与小组咨询[1]。

---

[1] 郑雪主编：《人格心理学》，暨南大学出版社 2006 年版，第 449 页。

1. 个别咨询

个别咨询是具有专门知识与技能的心理教师或咨询员通过与学生一对一的沟通互动来帮助学生及时摆脱不良的心理状态，找到解决心理问题的方法，以保持与增进其心理健康。主要形式有：个别面谈、电话咨询、信函咨询和个案研究等。个别面谈是个别咨询中最有效的心理咨询形式。在当前家庭环境、学习紧张、生活节奏快等多方面因素的作用下，有的低年级小学生开始产生心理障碍、心理问题甚至心理疾病。所以学校建立心理咨询室或"知心姐姐"，能够让学生倾诉心中的烦恼或紧张，缓解压力，预防心理问题的产生。

2. 小组咨询

小组咨询也称团体咨询，是一组学生在咨询老师的指导下共同讨论与训练来处理他们所面临的共同问题。小组少则四五人，多则十一二人。其成员多为同年级学生，且有类似的心理困扰。心理咨询一般是补救性的，它所面对的主要是心理处于不平衡状态的学生或者是处于轻度心理不健康状态的学生。目前，城市的许多学校配备了专职或兼职的心理辅导教师，开设了心理辅导课程和心理咨询活动，对于解决学生的心理问题起到了重要的作用。据了解，有些学校到心理咨询室或"知心姐姐"做咨询的学生往往就是三五成群地一起来，他们就共同疑虑的问题如考试焦虑、男女同学之间怎样相处、在家怎样与父母相处等问题一起找知心姐姐进行咨询。

3. 心理治疗

是指运用心理学的理论与方法，对已经产生较严重的心理障碍的学生进行专门的调节，使之恢复到正常状态[1]。心理治疗是调节性的，它的对象一般是有比较严重的心理问题的学生，往往需要较长时间的、周密的治疗处理，有时需要辅之以精神类药物。进行心理治疗要求具有专门训练的、有较高技术的专门人员。这是目前中小学还不易做到的。

---

[1] 郑雪主编：《人格心理学》，暨南大学出版社 2006 年版，第 450 页。

我们呼吁教育主管部门和医疗部门建立专门的心理治疗中心。

（三）人格教育

学校可以借助教育行政部门的干预，尽早对学生进行人格教育，使其健康成长。

1.在学科教育中渗透人格教育

这和我们平时所做的德育工作一样，也要求在各学科教学中渗透人格教育。即把人格教育与常规教育有机结合起来，在完成常规教学任务的同时，实现培养学生良好人格品质的目的。学科教学是学校教育的主渠道，学科学习是学生的主导活动，学生大量的心理困扰也大都产生在学习过程中。因而，学生的各种人格品质也在学科学习活动中得到发展。事实上，各科教材中都蕴含了不少适合于人格教育的内容素材。而新课程标准和新教材，更加注重学生在学科学习活动中的人格培养。因此，各科教师都应当站在对祖国人才负责的角度，深刻挖掘新教材的人格教育内涵，及时地渗透人格教育。

2. 在班会、级会、大队活动或团队活动中渗透人格教育

把人格教育与班会、级会、大队活动或团队活动、课外活动等结合起来进行，这是人格教育的又一条途径。这一途径能把学校安排的各种例行活动与人格教育有机结合在一起，便于充分发挥各项活动的整体的育人功能。当然，人格教育与各种班级、大队活动有各自的目标、内容与功能，不能相互替代，只能是在实现各自目标的基础上相互促进。

3. 在校园文化环境中渗透人格教育

布置校园环境，营造良好的校园文化，对于中小学生健全人格的形成也产生着极其重要的作用。校园环境从学校内部来看有两个方面，即物质环境和心理环境。物质环境要求学生有一定的活动空间，并做到空气清新、噪音小、明亮、和谐，教室和校园整洁美观，学生在学校中感到安静、舒适。心理环境主要是指学校要有良好的人际关系与积极

的社会心理氛围，良好的班风和校风等。这正如德育中所说的环境育人。现在很多学校都会利用校园的各角落、各空间进行校园文化建设，在校园的柱子上、学校的墙报上、教室的墙壁上以及走廊和楼梯间的角落，根据学生的年龄特征张贴有关育人方面的格言。建议各校也张贴一些有关人格方面的名言、警句、画像；各班也可让学生自己去收集喜爱的名言、警句，甚至可请绘画好的学生给名言添上漂亮的图案或画面，然后张贴在教室后面的墙报或墙壁上，让学生在班级文化或校园文化的熏陶中达到潜移默化的教育作用，从而逐渐形成健全的人格特征。特别对于学优生来说，他们理解力强，接受能力强，无声胜有声，这远比教师的说教有效得多。而且整个校园便生动起来，逐渐形成了良好的校园文化。

四、加强学生的生命教育

学校教师承担着既教书又育人的双重责任，育人首先就要关爱生命，因而，我们首先就要教导学生生命的来之不易，每一个人都必须对父母所给予自己的生命敬重，并对他人的生命也保持敬畏之心。学校要把生命教育延伸到家庭，形成全社会的合力，真正使"尊重他人和自己生命"的意识刻在每个孩子心里。教会孩子怎样保护自己、不去伤害他人。做好这些人生"功课"，远比每门文化课的成绩更重要。我们要通过生命教育，尽可能减少悲剧的发生，这是成年世界能给予孩子们最好的呵护。将来，这些孩子长大，其价值观构成整个社会价值观的一部分时，珍爱自己和他人生命的理念也就融入到了整个社会文化中。

五、搭建学校、家庭、社会三结合的教育网络

良好的大环境是由家庭、学校、社会等方面组成的，对于中小学生健全人格的形成也产生着重要的影响。因此，学校德育部门可借助家长委员会、家长学校、家长会以及校外辅导员等社区教育委员会的设立，加强与家长乃至社会的联系，搭建学

校、家庭、社会三结合的教育网络，努力提高家长和社会人士的认识水平，淡化他们对孩子评价的单一性，逐步提高家长的教育水平，使家长充分认识到家庭的氛围、父母的教养方式与孩子的人格塑造有着很大联系，在孩子成长的过程中努力做到如下几点：

（一）营造良好的家庭氛围，改善与孩子的关系。研究证明，温暖民主型的父母教养方式极利于培养孩子乐观向上、尊重、友善、宽容等良好的心理品质。而过于严厉或溺爱的家庭教育都会给孩子带来很多负面的影响，不利于孩子人格的健康成长。

（二）经常与孩子沟通，做孩子的知心朋友。父母不能仅给孩子提供生活必需品，或仅只关注孩子的学习成绩，而应更多地关注孩子的心理成长，要经常与孩子沟通，使孩子从小建立对自己的信任，成为孩子的知心朋友，让孩子能对自己无话不谈。如此，家长才能及时了解孩子心中的困惑或思想的不畅，才能及时地为孩子排忧解难，及时地进行心理引导与疏通，才能减少孩子心理问题的出现。良好的沟通，不但可以建立起亲密的亲子关系，更可以帮助孩子健康成长。

（三）调整心态，降低期望值。现代社会各行各业竞争激烈，家长们更是望子成龙，望女成凤。从孩子还在肚子里就开始进行胎教，孩子刚刚牙牙学语就送到各种机构去学英语、去训练语言或各种技能，给予孩子太大压力，不能慢慢等待孩子成长，不能静待花开……一上小学，孩子承担的压力更大，周六周日几乎个个家长都把孩子送到外面去学习，生怕自己的孩子会掉队，这就是大家经常说的不要让孩子输在起跑线上，更不用说对孩子的考试成绩的重视度了。

其实，一个人将来是否能成功，很大程度上并不是取决于他的考试成绩，而更多地在于他的个性品质。孩子的学习家长当然要重视，但孩子的心理成长及品质的培养家长更要重视。家长在重视孩子的学习时，要引导孩子注重学习的过程而不是结果，家长不要把名次看得太重，不要给孩子太大压力，对子女期望值不要过高，要注意孩子学习品质的培养，关注孩子是否以安定的心情、不怕挫折地推进学习计划，孩子的学习是否有毅力有恒心，这才是重要的。

（四）淡化"优越感"，走入普通孩子的行列。回到家，家长应把学习成绩优秀生当普通孩子看待，不给他们以学习为借口逃避家务的机会。积极关注孩子，突出好的方面，让孩子主动谈克服心理障碍、提高心理健康水平的打算。家长应鼓励他们多和朋友玩，多和同学玩，不要把自己拘于优等生的行列。

（五）全面了解孩子，发扬优点，改善缺点。家长们要教育孩子成材，就要全面了解孩子，了解他的长处和短处，优点和缺点。既要发扬其积极的一面，更要帮助孩子填漏补缺，改善其不足之处，全面提高孩子的心理水平和基本素质。学校老师在和家长沟通孩子的教育过程中发现，有些家长只喜欢或只愿意看到自己孩子的优点和长处，有些甚至不切实际地大加赞赏，而对孩子的缺点和不足，要么视而不见，要么有意替孩子遮掩。须知孩子的某些缺点和不足，常常会制约其他心理特点的发展，堵塞其成材的通道。大家都知道俄国无线电发明家波波夫，不善于用文字表达他精辟的思想，而难以写出论文。英国著名物理学家法拉第，对电磁说提出过基本理论，但由于他的文章晦涩，不善表达，有理说不清楚，又缺乏数学说明，所以当时没能引起人们注意。一直到麦克斯韦[①]综合了前人成果，用明白流畅生动精练的语言和利用简捷有力的数学方法对这种理论进行说明后，才为世界所公认。美国著名心理学家特尔曼曾经对1152个智力超常儿童做了一次追踪研究，其中80%是男性。几十年后，从男性中挑出成就最高的20%和最低的20%对比，结果表明：高智力不等于高成就，个性心理品质与一个人的成就有很大相关性，那些取得高成就的人，均有良好的个性心理品质，这就是自信、勇气、毅力、努力、热情等[②]。因此，聪明才智只有辅之以良好的个性心理品质，聪明才能为己所用，才能放光发热。个性心理品质是取得成就的关

---

① 麦克斯韦（James Clerk Maxwell，1831—1879），19世纪伟大的英国物理学家、数学家。

② 靳择善：《略谈在家教中的个别差异与因材施教》，载《南都学坛（哲社版）》1995年第1期，第97—99页。

键。因而，家长要全面了解自己的孩子，以便全面提高孩子的个性心理水平和基本素质。

六、改革中国现行的考试制度

目前的考试制度造成了以"分数论英雄"，并一再强调这样的准则，学优生的优越感被反复强化。

中国现行的考试制度主要存在两个方面的弊端：一是以"分数论英雄"，由于分数的高低与学生日后的前程密切相关，学生为了追求高分数而长期囿于书本，从而造成了所培养的人才普遍缺少创新意识，更可怕的是压抑了一些特殊人才的出现，因为有些人，他们很能动脑筋，却不善于知识层面的考试。这种考试制度，虽然能为群众提供受更好的教育的机会，却失去了我们的爱因斯坦。另外一个弊端是这种考试制度似乎要强调这样的准则，学优生的优越感被反复强化。这样的准则对那些特别擅长动手的人极为不公，而那些懂得怎样动手的人恰恰是中国目前最需要的人才。

现在，太阳能热水器的使用，可以说遍布了全国各地，可是，你知道它的发明者是谁吗？他的名字叫张今，他发明太阳能热水器时才 16 岁，是一个高一学生。1985 年经杨振宁建议，由香港实业家刘永龄出资，在北京和上海两地设立"亿利达青少年发明奖"，其目的是促使会动手、有创造能力的青少年脱颖而出。当年在上海获"亿利达青少年发明奖"一等奖的为一名高中生叫张今。张今十分聪敏且有极强的创造力，他设计的"多层吸收太阳能热水器"构思巧妙，有较高的实用价值，其改进型参加了"全国发明展览会"。由于他占用较多的时间搞发明创造，在 1987 年参加全国统一高考时，以 12 分之差，名落孙山。这件事在上海乃至全国引起了很大反响，他的高考落第给人们留下了一连串的启示①。虽然这只是一个特殊的现象，但是它表明了中国的教育方针，中国的考试制度支持的是什么，鼓励的是什么，究竟是要培养高分低能的书

---

① 高策：《杨振宁科学思想研究之二——教育、文化与科学创造》，载《科学技术与辩证法》1997 年第 2 期，第 12—18 页。

呆子，还是要培养像张今那样有所作为的人才。
（后来，张今被上海大学工学院破格录取。）

　　由此可见，必须对中国现行的考试制度进行改革，才能培养出社会真正需要的杰出人才。因为是"中国文化影响下的考试制度"，要想改革也十分困难，而且目前也没有一种更科学、更合理、更公平的方法能取而代之，但我们可以将其内容或形式增加或减少，以期达到更好的效果。首先，要从观念上进行更新，原则上要让那些"能做事又能立业的人才"接受更多的教育。其次，现在有些高校已经改革了某些招生制度，他们除了看考生分数外还增加了面试一栏，这便是对高考的一大改革。面试的介入实际上就是对一个学生综合能力的测试，它的目的就是不仅看分数，更要看一个人的综合素质。这种改革如果能避免受贿与走后门等不良之风的存在，那么它是对目前中国教育体制下的高考的一个最好最完美的补充。同时，面试也给中国的教育之路指明了方向。考试制度是一根指挥棒，你怎样考，教师和家长便怎样教。所以，一方面，必须对中国现行的考试制度进行改革；另一方面，家长、学校、社会要通力合作，淡化学优生的"优越感"。

部分学习成绩优秀生存在不同程度的人格缺陷这一观点已逐渐为家长、学校及社会承认，已有人开始在探讨这方面的问题及解决方法。相信经过家长、学校、社会及学生自身的努力，会有更多、更好、更新的方法去预防学习成绩优秀生人格缺陷的发生及发展。

结束语

　　学习成绩优秀生的表现存在两种现象：一种表现为勤奋好学，谦虚谨慎，尊敬师长，团结同学，乐于助人，同学关系融洽，德、智、体全面发展；另一种表现为自尊虚荣爱面子，多疑敏感爱嫉妒，偏执清高自以为是，倔强好胜高傲自大，过分认真与追求完美，缺乏创新精神，焦虑不安信心不足，外强内弱耐挫力差，人际关系紧张敏感等。这些特征如不及时加以引导，极易发展为强迫型人格障碍、偏执型人格障碍、依赖型人格障碍、自恋型人格障碍或焦虑（回避）型人格障碍。

　　本研究尚需进一步探究的问题还有以下两方面：一是除了本文探讨的影响人格缺陷形成因素外的其他因素，如家庭环境因素中家庭结构和气氛、家庭的社会经济地位等，还有遗传、生理等先天因素和社会大环境等因素的影响无不对人格的形成产生作用。这些问题由于时间和篇幅以及自身水平所限，本文没加以探讨，值得进一步研究。其次，本文只粗略地浅谈了学优生人格缺陷的预防对策，但对某些学优生已存在的某些人格缺陷或人格障碍问题如何进行矫治与辅导并没涉及，这也是有待日后继续研究与亟待解决的问题。

　　无论后续研究的结论如何，孩子的成长始终需要一个严格而公平的环境，无论是学校，还是家庭，对孩子的关注应该不仅只是在学业成绩上，更重要的是要关注他们的人格和心理素质的培养。应把教育的重点放在培育学生良好的道德品质和心理素质方面，引导学生参加社会活动，使学校教育与家庭、社会教育，尤其是大众传播媒介的"隐性教育"融为一体，引导学生建立一个足够大的比较系统，将自己放在开放而不是封闭的系统中，真正做到在观念上放眼世界，看看其他民族前进的步伐，更多地进行远距离比较，使他们不断给自己设置新的目标，不断地迎接新的困难和障碍，从而发展和彰显自己的人格。

学校教育应与家庭、社会教育，尤其是大众传播媒介的"隐性教育"融为一体，引导学生发展和彰显自己的人格。

参考文献

［1］扈中平著：《教育目的论》，湖北教育出版社 2004 年版。

［2］张工、梁红梅：《绩优生心理压力析因及缓释对策探讨》，载《当代教育科学》2005 年第 16 期。

［3］《教育部关于印发〈中小学心理健康教育指导纲要（2012 年修订）〉的通知》，http://www.moe.gov.cn/srcsite/A06/s3325/201212/t20121211_145679.html。

［4］弗洛伊德著、高觉敷译：《精神分析引论新编》，商务印书馆出版 1987 年版。

［5］陈少华著：《人格与认知》，社会科学文献出版社 2005 年版。

[6] 陈少华编著：《新编人格心理学》，暨南大学出版社 2004 年版。

[7] 伯格著、陈会昌等译：《人格心理学》，中国轻工业出版社 2004 年版。

[8] 陈仲庚、张雨新著：《人格心理学》，辽宁人民出版社 1987 年版。

[9] 郑雪主编：《人格心理学》，暨南大学出版社 2006 年版。

[10] 黄希庭著：《人格心理学》，浙江教育出版社 2002 年版。

[11] 张春兴著：《现代心理学——现代人研究自身问题的科学》，上海人民出版社 2005 年版。

[12] 刘秀芬、黄悦勤、李立明：《大学生人格障碍病例对照研究》，载《中国心理卫生杂志》2000年第 14 卷第 2 期。

[13] 中华医学会精神科分会：《中华医学会精神科分会中国精神障碍分类与诊断标准（第三版）》，山东科学技术出版社 2002 年版。

[14] 王玲主编：《变态心理学》，广东高等教育出版社 2002 年版。

[15] 高小兰：《中小学学习成绩优秀生人格缺陷问题研究》，载《课程教学研究》2017年第2期。

[16] 卫异、左振瑛著：《青少年人格塑造——马加爵案件的心理思考》，北京大学出版社2004年版。

[17] 林崇德、杨治良、黄希庭主编：《心理学大辞典》，上海教育出版社2004年版。

[18] 谢传仓：《人格缺陷与精神病》，载《家庭医学》2004年第3期。

[19] 吴远主编：《大学生心理健康与心理咨询》，河海大学出版社2002年版。

[20] 陈本友：《中学优生时间管理倾向中的目标设置特性研究》，西南大学基础心理学专业硕士学位论文。

[21] 王彩玲：《关注优生心理培养健全人格》，载《江西教育》2004年第1—2期。

[22] 隋光远、李晶：《初中优生和差生学习适应性的比较研究》，载《心理科学》2004年第3期。

[23] 王展：《美国人眼中的优等生》，载《财会月刊》2003年第20期。

［24］黄希庭：《人格心理学》，浙江教育出版社2002年版。

［25］张念宏主编：《教育百科辞典》，中国农业科技出版社1988年版。

［26］杨华：《学习成绩优秀生心理缺陷不容忽视》，载《福州晚报》，2003年7月4日。

［27］莫雷主编：《教育心理学》，广东高等教育出版社2002年版。

［28］钱铭怡主编：《变态心理学》，北京大学出版社2006年版。

［29］卢承业、祁晓蓉、江秀菊、张秀汝：《现代城市幼儿家长教子观初探》，载《青海师范大学学报（哲社版）》1995年第4期。

［30］陈仲庚、张雨新编著：《人格心理学》，辽宁人民出版社1986年版。

［31］李新：《一成半中学生有人格障碍倾向》，载《生活时报》，1998年11月30日。

［32］范源清：《优秀生发展中存在的问题及对策》，载《中小学教师培训》2002年第8期。

［33］伍志臻：《警惕孩子的强迫性神经症》，载

《为了孩子》2000 年第 2 期。

［34］翟书涛、杨德森主编：《人格形成与人格障碍》，湖南科学技术出版社 1998 年版。

［35］许惠英著：《人格教育论——青少年的人格培养》，北京学苑出版社 2000 年版。

［36］张积家编著：《普通心理学》，广东高等教育出版社 2004 年版。

［37］韦有华编：《人格心理辅导》，上海教育出版社 2000 年版。

［38］博克安、琼斯玛著，张宁等译：《人格障碍治疗指导计划》，中国轻工业出版社 2005 年版。

［39］靳择善：《略谈在家教中的个别差异与因材施教》，载《南都学坛（哲社版）》1995 年第 1 期。

［40］高策：《杨振宁科学思想研究之二——教育、文化与科学创造》，载《科学技术与辩证法》，1997 年第 2 期。

［41］http://www.360doc.com/content/16/0617/12/32483876_568503551.shtml。

［42］搜狐，http://mt.sohu.com/20161129/n47444

1305.shtml。

[43] http://www.jiemian.com/article/1198761. html。

[44]《2004 年中国十大案件评出：马加爵杀人案令人深思》，http://lf.lnu.edu.cn/detail.jsp?id=3588。

[45] 百度百科，http://baike.baidu.com/link?url= _bC6j1sPWib14Xbn8TnP5THyC6ze0wf4rGuPiTATzce 2zQAbHN0C–QSB5WblyJmfv47m_B1yVcT9NAvHK K1wnI2wjVmjZsDHAC–_GZ1qPYJ7XhGZdyoUmBqg rP7pGDrZ。

[46] 百度百科，http://baike.baidu.com/link?url= eiezKvR0jw73dcxo1HbdF7EzEV7K6OXmcxuWhfoTI WtboXUB5pNdZu8PO0lnMsrQFWvJSURNvanFP8Tm daGd0CeLuIHbicg8INWPevzbAWIK3FmHL72Ywh4H QXFIUGym。

[47] 百度百科，http://baike.baidu.com/link?url= WgXOvr04–FfFkqZkpK–JDs5DQnoi1lBLvpX0QN2nc z0pz0qiyzX8AO7TvjDVR1XG10_ERdMPhKEFd_rPy HCKcgH5kwU4eKHbxRGrPwRqAYg72JL5mLqxFQH 6JVCbYmFg6_uP–DF24lCjtZBccZ25Rq。

［48］百度百科，http://baike.baidu.com/item/ 林森浩。

［49］北京联盟，http://www.010lm.com/roll/2016/0617/2309673.html。

附录一

有关中小学学习成绩优秀生的问卷调查（学生卷）

亲爱的朋友，你在中小学时曾是一位学习成绩优秀的学生吗？你认为你或你身边中小学时学习成绩优秀的人在下列特点中表现的程度如何？请你用真诚的态度实事求是地做出选择，以确保样本的准确性。如果你觉得他们还有哪些表现得比较突出的特点（或不足之处）请在后面附加。非常感谢你的合作！

被调查人现状：

小学在读□　　初中在读□　　高中在读□

大学在读□　　已就业□

你认为中小学学习成绩优秀学生在下列特点中表现的程度是：

1. 好胜心　（　）

A. 强   B. 一般

C. 不强   D. 其他

2. 自私心 （ ）

A. 强   B. 一般

C. 不强   D. 其他

3. 宽容心 （ ）

A. 强   B. 一般

C. 不强   D. 其他

4. 自信心 （ ）

A. 强   B. 一般

C. 不强   D. 其他

5. 自卑心 （ ）

A. 强   B. 一般

C. 不强   D. 其他

6. 自尊心 （ ）

A. 强   B. 一般

C. 不强   D. 其他

7. 虚荣心 （ ）

A. 强   B. 一般

C. 不强   D. 其他

8. 妒忌心 （　　）

A. 强　　　　　B. 一般

C. 不强　　　　D. 其他

9. 多疑敏感 （　　）

A. 强　　　　　B. 一般

C. 不强　　　　D. 其他

10. 耐挫能力 （　　）

A. 强　　　　　B. 一般

C. 不强　　　　D. 其他

11. 追求完美 （　　）

A. 强　　　　　B. 一般

C. 不强　　　　D. 其他

12. 严格认真 （　　）

A. 强　　　　　B. 一般

C. 不强　　　　D. 其他

13. 孤傲自大 （　　）

A. 强　　　　　B. 一般

C. 不强　　　　D. 其他

14. 主观固执 （　　）

A. 强　　　　　B. 一般

C. 不强　　　　D. 其他

15. 自控能力　（　）

A. 强　　　　　B. 一般

C. 不强　　　　D. 其他

16. 自理能力　（　）

A. 强　　　　　B. 一般

C. 不强　　　　D. 其他

17. 人际交往　（　）

A. 强　　　　　B. 一般

C. 不强　　　　D. 其他

18. 焦虑自卑　（　）

A. 强　　　　　B. 一般

C. 不强　　　　D. 其他

19. 创新能力　（　）

A. 强　　　　　B. 一般

C. 不强　　　　D. 其他

20. 自我为中心　（　）

A. 强　　　　　B. 一般

C. 不强　　　　D. 其他

21. 心胸狭窄　（　）

A. 强   B. 一般

C. 不强   D. 其他

22. 爱挖苦人 （ ）

A. 强   B. 一般

C. 不强   D. 其他

23. 性格孤僻 （ ）

A. 强   B. 一般

C. 不强   D. 其他

24. 刻板 （ ）

A. 强   B. 一般

C. 不强   D. 其他

25. 霸道 （ ）

A. 强   B. 一般

C. 不强   D. 其他

附加意见：

有关中小学学习成绩优秀生的问卷调查（教师卷）

尊敬的各位老师，在您所教的中 / 小学学生中，您认为学习成绩优秀（班上前 5 名或 10 名）的学生在下列特点中表现的程度如何？请您用真诚的态度实事求是地做出选择，以确保样本的准确性。如果您觉得他们还有哪些表现得比较突出的特点请在后面附加。非常感谢您的合作！

被调查人现状：

小学教师□　　　初中教师□　　　高中教师□

是否班主任：是□　　　否□

教龄：1—5 年□　　　6—10 年□

　　　10—20 年□　　　20 年以上□

您认为中小学学习成绩优秀学生在下列特点中表现的程度是：

1. 好胜心　（　）

A. 强   B. 一般

C. 不强   D. 其他

2. 自私心 （ ）

A. 强   B. 一般

C. 不强   D. 其他

3. 宽容心 （ ）

A. 强   B. 一般

C. 不强   D. 其他

4. 自信心 （ ）

A. 强   B. 一般

C. 不强   D. 其他

5. 自卑心 （ ）

A. 强   B. 一般

C. 不强   D. 其他

6. 自尊心 （ ）

A. 强   B. 一般

C. 不强   D. 其他

7. 虚荣心 （ ）

A. 强   B. 一般

C. 不强   D. 其他

8. 妒忌心 （　）

A. 强　　　　　　B. 一般

C. 不强　　　　　D. 其他

9. 多疑敏感 （　）

A. 强　　　　　　B. 一般

C. 不强　　　　　D. 其他

10. 耐挫能力 （　）

A. 强　　　　　　B. 一般

C. 不强　　　　　D. 其他

11. 追求完美 （　）

A. 强　　　　　　B. 一般

C. 不强　　　　　D. 其他

12. 严格认真 （　）

A. 强　　　　　　B. 一般

C. 不强　　　　　D. 其他

13. 孤傲自大 （　）

A. 强　　　　　　B. 一般

C. 不强　　　　　D. 其他

14. 主观固执 （　）

A. 强　　　　　　B. 一般

C. 不强　　　　D. 其他

15. 自控能力　（　）

A. 强　　　　　B. 一般

C. 不强　　　　D. 其他

16. 自理能力　（　）

A. 强　　　　　B. 一般

C. 不强　　　　D. 其他

17. 人际交往　（　）

A. 强　　　　　B. 一般

C. 不强　　　　D. 其他

18. 焦虑自卑　（　）

A. 强　　　　　B. 一般

C. 不强　　　　D. 其他

19. 创新能力　（　）

A. 强　　　　　B. 一般

C. 不强　　　　D. 其他

20. 自我为中心　（　）

A. 强　　　　　B. 一般

C. 不强　　　　D. 其他

21. 心胸狭窄　（　）

A. 强　　　　B. 一般

C. 不强　　　D. 其他

22. 爱挖苦人　（　）

A. 强　　　　B. 一般

C. 不强　　　D. 其他

23. 性格孤僻　（　）

A. 强　　　　B. 一般

C. 不强　　　D. 其他

24. 刻板　（　）

A. 强　　　　B. 一般

C. 不强　　　D. 其他

25. 霸道　（　）

A. 强　　　　B. 一般

C. 不强　　　D. 其他

附加意见：

有关中小学学习成绩优秀生的问卷调查（家长卷）

　　调查的前提：学习成绩优秀的学生具有很多优秀品质，比如：学习能力强，勤奋好学，刻苦钻研，不怕苦，不怕累，做事有恒心、有毅力，意志力、自控能力都很强，能够严格要求自己，品质坚定等。很多学生时代学习成绩优秀的学生都成了国家的栋梁之才。但也有些学习成绩优秀生，过去由于学习成绩好，家长、老师对他们十分放心，便忽略了对他们人格成长的关注，某些缺点在不知不觉中越来越严重，结果导致犯下大错，甚至有些一失足便成千古恨，这样的例子也有不少。所以，为了从中吸取教训，我们家长、教师以及整个社会，不能只是关注孩子的考试分数，应更多地关注孩子的健康成长，对于这一群学习成绩优秀的学生也不能例外，我们应多留意他们平时的表现，及早发现问题，及早进行疏导与教育，让问题消灭在萌芽状态，为他们更加健康地成长以及未来的成功之路做好及早的铺垫。

尊敬的各位家长，您的孩子或您或您熟悉的亲戚朋友同学中有人上小学或中学时曾是一名学习成绩优秀（班上前5名或10名）的学生吗？请您从百忙之中用真诚的态度实事求是地回顾一下并进行回答，以便我们更有针对性地引导、疏通与教育孩子，为他们未来的成功之路打下基础。非常感谢您的合作！

您认为中小学学习成绩优秀学生在下列特点中表现的程度是：

1. 好胜心 （ ）

A. 强　　　　　B. 一般

C. 不强　　　　D. 其他

2. 自私心 （ ）

A. 强　　　　　B. 一般

C. 不强　　　　D. 其他

3. 宽容心 （ ）

A. 强　　　　　B. 一般

C. 不强　　　　D. 其他

4. 自信心 （ ）

A. 强　　　　B. 一般

C. 不强　　　D. 其他

5. 自卑心　（　）

A. 强　　　　B. 一般

C. 不强　　　D. 其他

6. 自尊心　（　）

A. 强　　　　B. 一般

C. 不强　　　D. 其他

7. 虚荣心　（　）

A. 强　　　　B. 一般

C. 不强　　　D. 其他

8. 妒忌心　（　）

A. 强　　　　B. 一般

C. 不强　　　D. 其他

9. 多疑敏感　（　）

A. 强　　　　B. 一般

C. 不强　　　D. 其他

10. 耐挫能力　（　）

A. 强　　　　B. 一般

C. 不强　　　D. 其他

11. 追求完美　（　）

A. 强　　　　　B. 一般

C. 不强　　　　D. 其他

12. 严格认真　（　）

A. 强　　　　　B. 一般

C. 不强　　　　D. 其他

13. 孤傲自大　（　）

A. 强　　　　　B. 一般

C. 不强　　　　D. 其他

14. 主观固执　（　）

A. 强　　　　　B. 一般

C. 不强　　　　D. 其他

15. 自控能力　（　）

A. 强　　　　　B. 一般

C. 不强　　　　D. 其他

16. 自理能力　（　）

A. 强　　　　　B. 一般

C. 不强　　　　D. 其他

17. 人际交往　（　）

A. 强　　　　　B. 一般

C. 不强　　　D. 其他

18. 焦虑自卑　（　　）

A. 强　　　　B. 一般

C. 不强　　　D. 其他

19. 创新能力　（　　）

A. 强　　　　B. 一般

C. 不强　　　D. 其他

20. 自我为中心　（　　）

A. 强　　　　B. 一般

C. 不强　　　D. 其他

21. 心胸狭窄　（　　）

A. 强　　　　B. 一般

C. 不强　　　D. 其他

22. 爱挖苦人　（　　）

A. 强　　　　B. 一般

C. 不强　　　D. 其他

23. 性格孤僻　（　　）

A. 强　　　　B. 一般

C. 不强　　　D. 其他

24. 刻板　（　　）

A. 强　　　　　B. 一般

C. 不强　　　　D. 其他

25. 霸道　（　）

A. 强　　　　　B. 一般

C. 不强　　　　D. 其他

附加意见：

附录二

访谈和网上论坛内容提纲

您对学习成绩优秀生有何看法？您认为他们怎样？他们有哪些不足之处？能否举例说明？

后　记

　　本书是在我的硕士毕业论文《中小学学习成绩优秀生人格缺陷问题研究》的基础上，再次进行研究和修改而形成的。

　　2003 年 11 月，我参加全国在职研究生联考，有幸成为华南师范大学教育科学院教育管理专业在职研究生，是一千多名考生中的前 80 名幸运者。2004 年入学，2007 年毕业。华师三年的学习，使我受益匪浅，为我后来的专业成长及课题研究起到了决定性作用（如 2011 年被评为小副高、2013 年被评为广州市名教师、2012 年 9 月被遴选为广东省新一轮中小学"百千万"名教师培养对象、2015 年被遴选为新一轮广东省教师工作室主持人，区、市两级科研课题成果分别于 2012、2015 年均获得广州市教学成果奖二等奖等）。三年重返校园的学习生活，虽然忙碌，但我却感到无比的充实与快乐，让我那几乎枯竭的精神之源得到了滋润与灌溉，给我那压抑许久的沉闷生活增添了许多阳光与生气。在华师，我真是十分荣幸地遇到了很多良师益友，他们都使我终生难忘。其中有我崇拜的导师扈中平教授，他是一位才华横溢、敢说敢为，却又心地善良、教学严谨的教授。我第一次听他的课就被他那新颖而大胆的观点所吸引，他那敏捷的思维、锋利的言辞像排山倒海一样向你袭来，句句都能入木三分，让你感到震惊和兴奋。成为他的学生，真是使我感到既喜又忧，喜的是有这么好的一位老师做我导师，我将感到无比荣幸；忧的是自己水平太低，领悟力太差，怕达不到他的要求。在后面的论文指导中，我惊奇地发现扈老师在外表上不太讲究，在工作上却十分严谨认真，容不得半点马虎。在他给我批改的论文中，大到论文的框架结构，小到每一个措词的准确表达甚至标点符号，他都十分注重，真是出乎我意料，同时也很惭愧自己的随意和不拘小节。从此，我总是以导师的标准严格要求自己，鞭策自己的行为。在此，我衷心感谢我的导师扈中平教授对我的教诲！他严谨求实的治学态度，是我终生学习的楷模，也勉励我不断前行。

同时我也十分感谢风趣幽默、给予我帮助的刘良华教授，他曾给我的网上论坛提供了极大的支持与帮助，在此我对刘教授再次表示衷心的感谢。还有袁征教授，在他面前我们都不敢随便说话，一开口似乎觉得自己肤浅无颜。再就是满腹经纶的张积家教授、目光犀利的谢少华教授、思维敏捷的胡劲松教授、富有激情的焦建利教授，我还感谢教过我的任旭明教授、葛新斌教授、何先友教授、梁永丰副教授等，他们个个都知识渊博，给我留下了深刻的印象，成为我工作与生活的楷模。我十分庆幸自己遇到了这么多好老师。在这短短的三年里，我的思想与观念有了很大转变，思维与鉴别力也有了很大提高。

其次，我也十分感谢曾给我的问卷调查提供支持与协助的硕士同学——广州市第六中学的沈益老师、莫润玲老师（教育技术专业教育硕士的同学）、海珠区第97中的许小梅老师（教育技术专业教育硕士的同学）、原赤岗中学的黄春钟主任、中大附中的严钦熙书记，我以前的同事晓园小学朱清仪主任以及为我的学习与研究提供帮助的领导与全体同事；还十分感谢我们的班长付军同学以及同门师兄弟蒋亚辉、陈东海同学对我的督促、勉励与关心，最后感谢我的家人给予我学习与工作上的支持与帮助，感谢我的朋友以及所有关心我的人！

心中谢意，无以言表，只能勤奋工作、不断学习，以实际行动报答恩师的教导、领导的栽培、朋友的厚爱！

高小兰
2017 年春于广州

作者简介

高小兰，女，广州市海珠区赤岗小学副校长，主管学校德育等工作；2004 级华南师范大学在职研究生，2007 年获教育硕士学位；2011 年获英语小学高级教师（副高级）职称。

获得荣誉：

2016 年被评为广东省新一轮中小学"百千万"名教师培养项目优秀学员；

2015 年被评选为新一轮广东省中小学教师工作室主持人；

2016 年被评为海珠区"十二五"教育科研先进个人；

2013 年被评为广州市第三批基础教育系统名

教师；

2013 年被聘为广州市第十六届中小学特约教研员；

2012 年被遴选为广东省新一轮中小学"百千万"名教师（第一批）培养对象；

2012 年被聘为海珠区学术评审委员会专家；

2012 年被评为海珠区"十一五"教育科研先进个人；

2009 年被评为广东省南粤优秀教师；

2009 年至今担任广东省现代教育学会理事；

2006 年入库成为广州市小学高级教师资格评审委员会委员；

2006 年被评为海珠区教育系统优秀共产党员；

2005 年被评为广州市优秀教师；

2005 年被评为广州市小学英语优秀教研积极分子；

2003 年被评为海珠区优秀教师；

2003、2006、2008、2013、2016 年获得海珠区嘉奖；

2001 年获广州市小学英语智力竞赛优秀辅导

老师奖。

主持课题情况：

2015 年被聘为教育部考试中心子课题"中国英语能力等级量表——阅读能力量表研究"特约教研员；

2015 年主持广东省教育科学"十二五"规划课题——"小学英语 RLPR 话题教学模式研究"；

2015—2016 年主持广东省中小学新一轮"百千万"专项科研项目并结题；

2013—2015 年主持广州市特约教研员课题——"小学英语练习编制与运用研究"并结题；

2012—2014 年主持广州市教育科学"十二五"规划课题（第一批）——"小学英语练习的组织与运用研究"，结题获优秀等级；

2008—2010 年主持海珠区教育科学"十一五"规划课题——"小学英语课堂练习的有效设计"并结题。

教学成果奖情况：

2015 年《小学英语练习编制与运用研究》获广州市第十六届特约教研员教研成果一等奖；

2015 年成果《小学英语练习的编制与应用》获广州市教学成果奖二等奖并获育苗项目；

2014 年成果《小学英语练习的有效设计与组织运用》被广东省选拔推荐参加全国基础教育成果奖比赛；

2012 年成果《小学英语课堂练习的有效设计》获广州市第八届教学成果奖二等奖；

2009 年成果《中小学学习成绩优秀生人格缺陷问题研究》获海珠区第三届教学成果奖三等奖。

出版专著及论文发表：

2016 年 7 月出版专著《小学英语练习的有效设计与组织运用》；

30 篇论文发表在《课程教学研究》、《小学教学研究》、《广东教育》、《教育导刊》、《教学月刊》、《小学德育》等杂志上，其中中文核心期刊 3 篇。